JIANGHAI ZHIJIAN:
YANGJIANG YUCUN LISHI YU
YUYE WENHUA

江海之间：
阳江渔村历史与渔业文化

张应强　主编

中山大学出版社
·广州·

版权所有　翻印必究

图书在版编目（CIP）数据

江海之间：阳江渔村历史与渔业文化/张应强主编．—广州：中山大学出版社，2022.8

ISBN 978-7-306-07514-7

Ⅰ.①江⋯　Ⅱ.①张⋯　Ⅲ.①渔业—文化—阳江　Ⅳ.①F326.476.54

中国版本图书馆 CIP 数据核字（2022）第 042787 号

出 版 人	王天琪
策划编辑	嵇春霞
责任编辑	陈　霞
封面设计	曾　斌
责任校对	卢思敏
责任技编	靳晓虹
出版发行	中山大学出版社
电　　话	编辑部 020-84110283，84113349，84111997，84110779，84110776 发行部 020-84111998，84111981，84111160
地　　址	广州市新港西路 135 号
邮　　编	510275　　传　真：020-84036565
网　　址	http://www.zsup.com.cn　E-mail：zdcbs@mail.sysu.edu.cn
印 刷 者	佛山市浩文彩色印刷有限公司
规　　格	787mm×1092mm　1/16　13.75 印张　210 千字
版次印次	2022 年 8 月第 1 版　2022 年 8 月第 1 次印刷
定　　价	68.00 元

如发现本书因印装质量影响阅读，请与出版社发行部联系调换

编 委 会

主　　编：张应强

编　　委：(按姓氏笔画排序)

　　　　　马显冰　毛　帅　刘　莉　麦舒婷　李　剑

　　　　　杨海源　何绪军　周开媛　黄　瑜

参编单位：海上丝绸之路（"南海1号"）研究中心

前　　言

江海之间，有城阳江；漠阳江穿城而过，阳江由此得名。漠阳江发源于广东西南部阳春市云雾山南麓，贯穿阳江市辖阳春、阳东、江城三个县市区，在阳东北津港注入南海。漠阳江的主要支流有黄村河、西山河、那乌河、马塘河、蟠龙河、潭水河、大八河、那龙河等。地处江海之间的阳江，有390多千米的海岸线，闸坡、东平、溪头、沙扒等渔港是全国或省级重点渔港。在漠阳江出海口附近的雅韶镇赤靓坡、海陵岛红坎头等新石器时代遗址出土的文物，证明了在4000多年前，此地已有先民从事渔业生产。漠阳江及其支流，以及漫长的海岸线和众多的港湾，造就了阳江得天独厚的自然地理条件，阳江人世代在江海之间得渔盐之利，孕育和积淀了丰厚的阳江渔业文化，留下了众多历史遗迹和海洋渔业民俗。

自2019年7月起，由阳江市人民政府与中山大学合作建立的海上丝绸之路（"南海1号"）研究中心，策划组织"阳江渔村类型比较与文化研究"专项课题，组建课题组制订研究方案，拟对阳江沿海渔村、海港、码头、养殖基地等展开实地调查，同时系统查阅搜集档案、族谱和地方文史资料，意在从历史和现实两个维度，对阳江海洋渔业渔村文化进行较为全面的梳理。从一般意义上来说，不同地区既有其渔业发展的共性，也有其渔民社会的必然个性，由此形成海洋生态环境背景下渔业渔村文化的一体两面。渔业经济的不确定性、海洋作业对环境的依赖、技艺技术的发展传承、丰富多元的民间信仰，以及陆地与海洋的多层面交流等，都是围绕渔业生计和渔村文化而展开的引人入胜的议题。阳江地处南海之滨，在长期的历史发展过程中，辽阔的海域、丰富的资源，特别是独特地理区位形塑的广泛地域联系，使其拥有独具特色的渔业文化的深厚而多元的历史积淀。换句话说，阳江的渔业经济和渔民群体不仅在当地的社会经济发展中扮演了重要的角色，成为阳江地方文化中最重要的部分之一；而且随着阳江渔民在不同时期流动或移居至海南、东南亚等地，而成为海上丝绸之路上的独特群体，并为当地多元社会文化画卷增添了浓墨重彩的一笔。不仅如此，通过对这一复杂历史过程的梳理，尤其是对其间以渔民群体为核心的人群的主体性和能动性的关照与探析，还可增进对不同历史时期阳江地区在多元文化背景下建构和发展国家认同及其机制的认识和理解；对当下地方社会在全球化进程中增强文化自觉、建立文化自信的可能路径的探索，也具有深远的历史意义和重要的理论价值。

阳江素称"兼山海之利，富于渔盐"，作为物产资源开发利用的主要方式，渔业与盐业引领了地方的发展；而山海之间的河流入海口冲积平原及海岸平原则是人群聚集、物资流动、地方社会生成发展的重要支点，也是我们切入考察研究的落脚点。无论是在漠阳江三角洲和海岸平原的考古研究所发现的新石器时代从事农耕和渔业的人群的生活遗迹，还是唐宋时期漠阳江下游河畔的窑址遗存发掘所反映出的陶瓷海运外销的可能情形，抑或是宋元时期阳江沿海海盐资源的开发与运销，等等，无疑都是不同历史时期区域社会政治、经济、文化等多方位变迁的有迹可循的重要线索。当然，更能具体而生动地呈现江海之间渔民社会与渔业文化的发展演变过程的，当为宋元以降尤其是明清以来阳江滨海地区的人群聚集及其开发活动。除传统的海洋捕捞作业之外，南宋之后，阳江地区开始出现沙田开发，在沿海和漠阳江三角洲地带以"插柳成围"的方法围垦海滩和河滩，与海争地，种植"占城稻"等，阳江滨海地区逐步发展成为一个以海洋文化为主题的社会。与此同时，原为孤独海隅的阳江逐渐发展成为"海上丝绸之路"的中转港，多有远洋船舶及商旅人士途经或停留于此；而且"吴越所产不乏于斯"，因而形成"民庶侨居杂处，多瓯闽之人"的人群格局。尤其是这些"瓯闽之人"，与当地人群共同生活、繁衍生息，以耕作或捕鱼为业，在长期的生活中不断迁移和聚集，并最终融为一

前　言

体。明清时期，滨海社会的进一步整合，在国家与地方、外部与内部的多维度互动互构过程中，来源各异、身份不同的人群共同塑造了今天呈现在我们面前的独具特色的地域文化。

基于以上基本认识，课题组以整体全观的视角，秉持文献解读和田野调查有机结合的历史人类学方法，聚焦阳江渔民、渔业、渔村，以探索区域历史发展、渔农生计变迁、渔村类型演变及社会文化型构等为主要内容，制订了翔实的研究方案，并按计划一步一步展开研究工作。前期工作的重点，是广泛系统地搜集和整理各类历史文献资料；在此基础上，课题组按照拟订的实地调查计划，对阳江沿海渔村分批次、集中进行了三次专题调查。其一是对东平镇、大沟镇、雅韶镇等阳东片区的渔村进行田野调查，重点考察了大澳、海萌、三丫、寿长、华洞、潮蒲、杜屋寨、津蒲、对岸、下斗门、李屋、田寮等渔村渔港，以及沿海庙宇和养殖基地；其二是对儒洞镇、沙扒镇、溪头镇等阳西片区的渔村开展实地调查，主要考察了岷琊、红光、蓝袍、新兴、河北、碗岗、南华等渔村，以及红光渔业管理委员会、新光渔业管理委员会、新星渔业管理委员会、海燕渔业管理委员会、边海渔村渔会等渔业管理委员会；其三是对海陵岛的专题调研，实地考察了灵谷、神前、稠灶、谷寮、南村、北洛等渔村，以及南兴社区、北环社区、新星社区等社区和闸坡渔业管理委员会等渔业管理委员会。此外，课题组成员还专门参加了 2019 年 8 月 16 日在闸坡举办的南海开渔节祭海仪式，以增进对阳江渔业生计和民间习俗的认识与理解。

本课题组由中山大学和广东海上丝绸之路博物馆研究人员组建而成。在展开项目研究的过程中，无论是方案制订，还是资料搜集整理及实地田野调查，课题组成员都积极互动、紧密配合、团结协作；作为项目负责人，笔者与海上丝绸之路博物馆联系人李剑、项目联络人刘莉，在项目统筹和组织推进课题研究等相关工作中，尽责任事，积极作为。而随着各项研究工作顺利进行，课题组在对于不同时间获取的相关历史文献资料和田野调查材料进行系统整理和初步分析的基础上，根据课题方案设计和既定研究思路拟订了研究报告的总体框架，并撰写报告初稿。其中，杨海源负责第一章、第二章、第十章，马显冰负责第三章大部分和第六章，黄瑜负责第七章、第八章及第三章的一部分，毛帅负责第四章，何绪军负责第五章，麦舒婷负责第九章，周开媛和何绪军负责第十一章。研究报告初稿完成之后，笔者根据研究课题的主题内涵，同时为保证书稿的完整性，对篇章结构进行了较大调整，并对全书进行了文字润色和规范修订。本书是课题组全体成员集体努力的劳动成果，由于时间及其他客观因素的限制和影响，我们的研究工作难免挂一漏万，只能撷取阳江地区积淀深厚的渔村历史的重要片段和丰富多彩的渔业文化的特色内涵，呈现孕育于江海之间的生机勃勃的地域文化历史现实景象，表达我们对她的初步了解和认识，以及无限敬仰和赞赏。

张应强

2021 年 12 月 26 日

图0-1 阳江沿海主要港口及渔村分布示意图

目　录

前　言　/001

上篇　历史发展与生计变迁

第一章

盐业与渔业：宋元以降阳江沿海地区的发展　/002

一、宋元时期阳江沿海的生态与社会　/002

二、明清时期阳江的海防、盐场与人群身份　/005

三、清前期阳江沿海的田地开垦与港口贸易　/009

第二章

生计与社会：阳江的人群聚集与滨海村落形成　/012

一、明清以降阳江的沿海生计与人群流动　/012

二、沿海村落人群迁移定居的历史概貌：以阳东区为例　/015

三、沿海渔村的形成及生计转变　/026

第三章

从水上到陆地：阳江渔村聚落形态及生活空间演变　/032

一、水上渔村　/033

二、陆地渔村：以对岸村为例　/037

三、沿海渔村生活空间的生成脉络　/042

第四章

从流动到定居：阳江滨海渔村生活的历史变迁 /045

  一、宋元时期阳江滨海开发之沿革 /045

  二、明清至民国阳江滨海渔村的生活 /048

  三、新中国成立以来阳江滨海渔村的发展 /052

第五章

从分散到集约：阳江渔村渔业发展模式的继替转型 /060

  一、沿海渔村经济生产方式转型概貌 /060

  二、沿海渔村渔业生产合作社模式的建立 /064

  三、渔业生产合作社下的渔村与渔民 /068

下篇　渔村演变与渔业文化

第六章

阳江沿海渔村的基本类型及其演变 /072

  一、阳江沿海渔村的基本类型 /072

  二、现代阳江沿海渔村之演变 /075

  三、阳江沿海渔村演变的原因及启示 /105

第七章

江城渔火：市井民俗与渔业生产 /108

  一、历史文化 /109

  二、市井民俗 /112

  三、渔业生产 /119

目 录

第八章
津浦古韵：渔村旧迹与养殖新貌 /122
- 一、传统村落构成 /123
- 二、古港、古塔、古城与古庙 /126
- 三、生产与生活 /132

第九章
河北渔艺：海洋捕捞与海产加工 /137
- 一、渔村社会 /138
- 二、做海渔艺 /142
- 三、渔家风俗 /146

第十章
东平大澳：山海之利与阳东良港 /152
- 一、区域历史地理 /152
- 二、渔港盛衰 /156
- 三、庙宇与信仰 /160

第十一章
渔村海话：海洋移民与阳西文化 /167
- 一、阳西"海话"与福建移民 /167
- 二、渔村与渔业文化 /171

参考文献 /189
- 一、历史文献 /189
- 二、族谱 /191
- 三、文史资料、年鉴、报刊及其他资料 /191
- 四、专著及论文 /193

图 目 录

图 0-1　阳江沿海主要港口及渔村分布示意图　/005
图 2-1　"第一山寺"观音阁　/028
图 2-2　"第一山寺"石刻　/028
图 2-3　"第一山寺"观音阁外辽阔的田野　/029
图 3-1　阳江渔港，舟船方泊岸（1930—1939 年）　/035
图 3-2　吊脚楼和住家艇（民国时期）　/036
图 3-3　对岸码头渔船归来　/040
图 3-4　独石洲　/041
图 4-1　大澳村牌坊　/053
图 4-2　大澳村街道　/054
图 4-3　大澳村街巷民居　/054
图 4-4　大澳村渔家民居模型　/054
图 4-5　大澳银库清晏楼旧址　/055
图 4-6　大澳商会旧址　/055
图 4-7　大澳渔港一角　/057
图 4-8　大澳旧码头　/057
图 5-1　休渔期潮蒲村附近河道停放的船只　/061
图 5-2　北津港附近制备的养蚝装置　/064
图 5-3　休渔期北津港外停泊的船只　/065
图 6-1　靠近南兴社区一带的闸坡港口　/076
图 6-2　闸坡渔港停泊的渔船　/077
图 6-3　长龙屋　/078
图 6-4　安庆街街巷　/078
图 6-5　2019 年闸坡开渔节　/080
图 6-6　三井渔村家口船屋　/081
图 6-7　浦鱼州渔民新村建筑　/082
图 6-8　闸坡船排厂　/083
图 6-9　渔民在码头修补渔船　/083

图 6-10　华洞村古碉楼　/085

图 6-11　华洞村街巷　/086

图 6-12　华洞村鱼塘养殖基围　/087

图 6-13　渔船捕鱼归来　/087

图 6-14　"晚水鱼"小鱼市　/087

图 6-15　鸡姆塱村半渔农时期的旧街巷　/089

图 6-16　鸡姆塱村半渔农时期的老民居　/089

图 6-17　鸡姆塱村村民新居　/090

图 6-18　鸡姆塱村村口广场　/090

图 6-19　鸡姆塱村渔家文化馆　/091

图 6-20　鸡姆塱村祖先庙　/092

图 6-21　红光村俯视图　/093

图 6-22　红光村旧民居　/094

图 6-23　红光村新村巷　/094

图 6-24　红光村蚝排　/095

图 6-25　红光村红树林　/096

图 6-26　红光村围堤　/096

图 6-27　红光村扒蟹艇　/097

图 6-28　红光村小码头市场　/097

图 6-29　南村村场　/099

图 6-30　民居改造的民宿　/099

图 6-31　谷寮村小商业街　/100

图 6-32　南村"银滩一号"附近商铺　/101

图 6-33　南村吴氏宗祠　/102

图 6-34　新兴村鸟瞰　/103

图 6-35　新兴村改造中的旧民居　/104

图 6-36　新兴村新民居　/104

图 7-1　阳江学宫棂星门　/111

图 7-2　阳江学宫大成殿　/111

图 7-3　石觉寺旁的石角天后宫　/114

图7-4　江城区老街　/116
图8-1　津浦村传统民居　/122
图8-2　今日北津港　/127
图8-3　何王庙　/129
图8-4　杜村祖庙　/131
图8-5　今日渔民　/133
图8-6　蚝排养殖场　/134
图8-7　归港的小船　/135
图9-1　河北村港口　/139
图9-2　河北村街景　/141
图9-3　河北村渔民制作渔具　/143
图9-4　河北村天后宫外景　/148
图10-1　大澳渔村港湾　/157
图10-2　东平天后宫　/161
图10-3　东平天后宫前面的小空地　/162
图10-4　东平天后宫对面的港湾　/162
图10-5　张贴在大澳村民房屋墙壁上写有"沙咀二圣宫"字样的红纸　/165
图11-1　边海村红色文化旅游景观　/172
图11-2　边海村渔民的小型渔船　/174
图11-3　边海村渔民用自制的"鱼展"捕捞鱼苗　/175
图11-4　边海村渔民捕获的鱼苗　/175
图11-5　与新光渔业管理委员会的工作人员座谈　/177
图11-6　沙扒天后宫　/178
图11-7　书村祖庙三官堂　/180
图11-8　"四大王巡游"　/180
图11-9　"飘色"队伍　/181
图11-10　男子"走公"　/181
图11-11　双鱼城村村内重建的文昌阁　/183
图11-12　双鱼城村旅游导览图　/184

图 11-13　溪头港口　/184
图 11-14　蓝袍村渔民自制的挖螺工具车　/186
图 11-15　蓝袍村渔民"地拉网"捕鱼之一　/187
图 11-16　蓝袍村渔民"地拉网"捕鱼之二　/188
图 11-17　蓝袍村渔民在沙滩织"拖地网"　/188

村落信息卡目录

村落信息卡 DG-1：下灶村　/019
村落信息卡 DG-2：曾屋村　/020
村落信息卡 DG-3：顶头村　/020
村落信息卡 DG-4：李屋村　/021
村落信息卡 DP-1：大澳村　/015
村落信息卡 DP-2：盐灶村　/016
村落信息卡 DP-3：海荫村　/017
村落信息卡 DP-4：北环墩村　/017
村落信息卡 DP-5：北政一村　/018
村落信息卡 DP-6：北政二村　/018
村落信息卡 YS-1：陂头村　/022
村落信息卡 YS-2：潮蒲村　/022
村落信息卡 YS-3：石塘村　/023
村落信息卡 YS-4：北津村　/023
村落信息卡 YS-5：杜屋寨村　/024
村落信息卡 YS-6：合浦村　/024
村落信息卡 YS-7：上海屋村　/025
村落信息卡 YS-8：下海屋村　/025

上 篇

历史发展与生计变迁

第一章
盐业与渔业：宋元以降阳江沿海地区的发展

阳江素称"兼山海之利，富于渔盐"，渔业与盐业作为物产资源开发的方式，引领了地方的发展；海洋与河流构成了区域内外沟通和物资流动的主要通道，而处于山海之间的河流入海口冲积平原和海岸平原则成为地方生成的起点。考古研究表明，在新石器时代，漠阳江三角洲和海岸平原就已经有从事农耕和渔业的人群存在；而唐宋时期阳江地区的窑址遗存，大多分布在漠阳江下游河畔附近，因为这一带有丰富的瓷土，而窑址靠近漠阳江主航道和石觉头、北津等港口，显然是为了方便海运外销。① 宋元时期，阳江沿海的海盐资源得到开发，王朝国家力量的进入也给"夷獠杂处"的阳江地区带来了移民等外部影响因素，区域社会由此开启了政治、经济、文化等多方位的变迁。

一、宋元时期阳江沿海的生态与社会

阳江的地形大体由山脉、河流与海岸、海岛组成。考古学家指出，从旧石器时代发展至距今数千年的新石器时代，阳江境内的人类生存遗址扩张至南部的江城、雅韶、大沟、河口一带海岸直至海陵岛，人口增加、技术进步和生计模式的转型，使得越来越多的人进入海滨地带的漠阳江三角洲和海岸平原从事农耕和渔业。漠阳江三角洲

---

① 参见陈浩天《从考古资料看历史上的阳江与海洋》，载《客家文博》2020 年第 1 期，第 34—41 页。

第一章 盐业与渔业：宋元以降阳江沿海地区的发展

的逐步增大，使得其海岸线也逐渐南移。① 这种地质地理的发展与变动，以及人群的流动方向，亦反映在古代阳江的行政建制之上。

学者通过梳理古代阳江地区的行政区划调整发现，作为行政中心的恩州州城和阳江县城一直位于漠阳江（宋代称"阳江"）下游近海地带的河谷冲积平原；隋至元代，阳江的政治地位上升，隋时的高凉郡城、唐时的恩州州城以及宋元时期的南恩州州城皆在阳江城（今江城一带）；到了明清时期，因倭寇与内部海寇问题凸显，阳江的军事地位进一步上升。②

唐大顺二年（891），恩州州城自恩平县移至阳江，其于宋朝时属广南东路南恩州（下辖阳江县、阳春县，州治在阳江城），境内有罗洲（即海陵岛），又有海口、海陵、博腊、遂训四寨③，境内东、西设有双恩场和咸水场两个盐场。宋建炎年间，恩州尚未有盐。绍兴年初，由于阳江沿海地区有"咸土生发"，可制盐，官府开始对盐进行官卖和管控，统计盐田亩数，并编组盐民进行盐业生产，沿海生民则可以由此获得盐民身份。④ 官私盐的售价相差太远，致使场灶漏私。⑤ 此时的恩州盐场临近大海，"野煎盐"皆可取之于海，商人只需极少成本即可自行制造"野（煎）盐"，极为便利。⑥ 沿海生民很可能也从中得到诸多牟利的机会，逐渐具有了影响地方政治格局的能力。

元末，阳江内陆地区出现"猺乱"，开始出现地方势力割据现象。元至正年间，吴元良"私立十万户长，强征民粮，行劫新兴、新会，州民赴诉于上，遂据州城以叛"。吴元良于至正十七年（1357）占据

---

① 参见广东海上丝绸之路博物馆《山海之聚：阳江海洋文化遗产》，广东科技出版社2019年版，"序"第2页。
② 参见陈浩天、刘文琐《历史上的阳江与海洋》，见广东海上丝绸之路博物馆《山海之聚：阳江海洋文化遗产》，广东科技出版社2019年版，第11－12页。
③ 参见〔元〕脱脱《宋史》卷九十《地理志》，中华书局1977年版，第2238页。
④ 参见〔宋〕李心传撰、徐规点校《建炎以来朝野杂记》卷十四《财赋·广盐》，中华书局2000年版，第296－297页。
⑤ 参见戴裔煊《宋代钞盐制度研究》，中华书局1981年版，第35页。
⑥ 参见〔宋〕李昉《太平御览》卷第八六五《饮食部·盐》，中华书局1960年版，第3841页。

州城，至正二十六年（1366），疍户何均受杀吴元良后自称元帅，仍据州城。直到明洪武元年（1368）十一月，征南将军廖永忠擒何均受于白石港①，地方豪强割据的局面才得以结束。

吴元良能够成为一方豪强，"强征民粮，行劫新兴、新会"，与其大田峝"平猺"②的功绩有关。据《大田峝磨崖碑记》的记载，吴元良出身士绅之家，是"绵里凯冈吴公吏目之子也，家世积德"。大田峝处于阳江、新兴、新会县境边界之域，"群猺杂处"。元中统年间，部分峝民相聚为盗，四处扰乱；其庞大势力导致许多峝民被裹挟从盗，吴元良后来率领数千人直堵峝内黄沙径，然后峝民相继跟随，最终平息了叛乱。③

明太祖洪武元年（1368）二月，征南将军廖永忠取广东，元江西行省左丞何真降，该年十一月廖永忠破何均受。明洪武三年（1370）废除南恩州的建制，以其地并入阳江县，隶属肇庆府，编户七十余里。原先的大田峝地区在明中期开始成为恩平县的辖地。成化十六年（1480），割水东都二里、仕峝都三里凑立恩平县；又因寇乱民亡，并为二十九里。万历十一年（1583）增北惯一图、南河二图、虔儒一图、白石二图，共三十五里。④水东、仕峝二都原本属于阳江县，成化十六年（1480）后划出成为恩平县郎绵乡的属都。⑤

从吴元良发迹、叛乱，到被疍户杀死并取而代之，可以看到阳江县的山海形势及资源禀赋，使得当地人群能够据此吸纳资源与人力来进行权势扩张。若将吴元良看作是恃山地资源之权势者，那么疍民何

---

① 参见〔清〕范士瑾（康熙）《阳江县志》卷三《事纪》，载《中国地方志集成·广东府县志辑40》，上海书店出版社2013年版，第62页。
② 猺，即瑶，本书指山上以刀耕火种为生的人群。因本书"猺"多引自史书、方志、资料，为保持史料原貌，故予保留。
③ 参见〔清〕阮元（道光）《广东通志》卷二百十五《金石略》，梁中民校点，广东人民出版社1994年版，第397-398页。
④ 参见〔清〕范士瑾（康熙）《阳江县志》卷一《建置》，载《中国地方志集成·广东府县志辑40》，上海书店出版社2013年版，第8页。
⑤ 参见梁植权《恩平历史初探》，载中国人民政治协商会议恩平县政协文史组《恩平文史·创刊号》1983年，第39-46页。

均受则是利用海洋资源来谋取权势。通过平定叛乱而成为地方豪强的吴元良最终死于何均受之手,或可表明以海洋资源为倚靠的"何均受"们,已是当时阳江县内不容忽视的社会政治力量。

二、明清时期阳江的海防、盐场与人群身份

元末明初,朝廷为稳定阳江地方秩序,在边海地区建立所城。明初,统治者把住在船上的疍民视为潜在的威胁,将其收编入军队,使得原来流动的人口或成为编户齐民,或成为军户,或编为里甲,由河伯所督征渔课。① 洪武三年(1370),廖永忠向朝廷奏请废南恩州为阳江县,设立阳江守御千户所,以指挥同知掌管。洪武八年(1375),指挥花茂奏准在阳江边海东西两端设立海朗、双鱼两个所城,两个所城互为犄角之势,双鱼、海朗两所设有官员,后又设双鱼、海朗两寨官员。② 洪武二十七年(1394),守御海朗、双鱼千户所建立。守御海朗千户所在阳江县东南五十里③,隶广海卫;守御双鱼千户所在阳江县西一百五十里,隶神电卫。④ 至此,以阳江、海朗、双鱼三个守御千户所组成的明代阳江海防体系初步形成。

明代的阳江、海朗、双鱼守御千户所所在地皆为海澳⑤,是沿海人群活动频繁的要地。所城中的旗军多是何均受的余党,后来接受朝廷招抚成为编户,同时担负着守御边海秩序的职责。阳江、双鱼与海朗所城内的百姓得到了朝廷承认,获得了合法身份,并且拥有土地耕

---

① 参见陈贤波《重门之御:明代广东海防体制的转变》,上海古籍出版社2017年版,第71页。
② 参见〔清〕范士瑾(康熙)《阳江县志》卷二《兵防》,载《中国地方志集成·广东府县志辑40》,上海书店出版社2013年版,第57页。
③ 1里=500米。
④ 参见〔明〕李贤撰《大明一统志》卷八十一《肇庆府》,三秦出版社1990年版,第1240页。
⑤ 参见〔清〕顾炎武《天下郡国利病书》(广东上),见华东师范大学古籍研究所整理,黄珅、严佐之、刘永翔主编《顾炎武全集》,上海古籍出版社2011年版,第3224页。

种权益。① 然而，阳江城临近大海，隘所均在海中，频受沿海倭寇骚扰。② 终明一代，海寇时常侵扰阳江县沿海地带，还有部分尚未被纳入户籍的流动人口，也时常侵扰阳江沿海地带，成为影响社会秩序稳定的力量。

清代顾祖禹对阳江县的海防进行考察，指出北津是阳江县之门户。双鱼城跨过海陵岛，经过北津港，再至海朗城，为县之门户。由大澳而东北即新宁县界，中有柳渡、三洲、大金门、上下川，俱倭寇停泊处。阳江县南北津港，自对开海域，东行往北可达新会、东莞、广州，西转而南达高、雷、廉、琼，商运均取此道，北津寨居中，协助海朗、双鱼寨官兵守汛。③ 顾炎武认为北津港孤悬海中，历来都是以抚民守之，并无额外的监督，因而地方官府常常无法知晓沿海情形。北津港往东二十里有海朗所城，所城孤悬海上。海朗寨港可通阳江、阳春等地，商贸繁盛，环城所居之民或出去捕鱼，或接济甚至充当海寇，地方官府难以管控他们的流动。双鱼寨所因靠近山区，容易成为盗贼巢穴。其山势绵绵通往双鱼港，港通织箦墟，沿海生民常常有包庇山贼出入的情况。④

明代海瑞、叶春及撰有《新筑北津寨记》，讲述明末阳江县的地理位置和北津水寨在海防体制中的地位，以及该地沿海生民的故事。明嘉靖三十五年（1556）后，郑大汉、林道干、朱良宝等海盗在沿海肆虐，直至明万历元年（1573）疍民许恩等人将郑大汉灭杀，后向朝廷投诚，居于北津，守护沿海秩序。明万历四年（1576），时任两广总督的凌云翼上奏请立北津水寨，以作为海朗所至吴川遂溪间的汛地。万历十四年（1586）城立。北津水寨的设立，使得海贼许恩等党

---

① 参见〔清〕李澐（道光）《阳江县志》卷一《地理志·沿革》，见广东省地方史志办公室辑《广东历代方志集成·肇庆府部（二十八）》，岭南美术出版社2009年版，第77页。
② 参见〔清〕顾炎武《天下郡国利病书》（广东中），见华东师范大学古籍研究所整理，黄珅、严佐之、刘永翔主编《顾炎武全集》，上海古籍出版社2011年版，第3255页。
③ 参见〔清〕顾祖禹《读史方舆纪要3》卷一百一《广东》二十一，贺次君、施合金点校，中华书局2005年版，第4653页。
④ 参见〔清〕顾炎武《天下郡国利病书》（广东中），见华东师范大学古籍研究所整理，黄珅、严佐之、刘永翔主编《顾炎武全集》，上海古籍出版社2011年版，第3246页。

第一章　盐业与渔业：宋元以降阳江沿海地区的发展

羽受抚，获得编户身份，且驻扎北津海港，给予其权统御抚民，协守戚船澳。许恩等人原本就是生活于沿海的生民，在获得朝廷招抚之后更能够在沿海港湾活动，且耕且渔，同时兼顾沿海巡哨工作。① 此举实际上给予了边海生民入户籍的契机，众多人群可以上岸居住，如阳江城内的梁姓家族，其族谱中记载了自己始祖迁入城内的故事，他们极有可能原先在水上谋生，受朝廷招抚之后，获得合法编户身份，最后拥有自己的店铺和田地。②

不可忽视的是，海朗和双鱼所城附近均有盐场，以产盐为生之民是流动的。(嘉靖)《广东通志初稿》记载，明朝参酌古制，设盐课司以厘盐政，广东命屯田佥事兼管其事，广东的盐，其买卖不掌控在官府手上，而是任民自买，有余则充为军饷。③ 由于朝廷对于广东盐政并不是十分重视，官府对盐场的管理也较为松散。有研究者认为，虽然盐民编于里甲，但这种管理方式实际上也多流于形式，对盐民没有很好的管理作用。④ 尽管从明至清初，地方官府都曾力图组织本地生民进行产盐的事业，但是由于海寇、天灾等缘故，从事产盐之民相继流徙。所以，明末阳江沿海盐场实际上仍是一个人群流动性极大的地区。

明代初期，地方政府为重整地方秩序，设置所城，招募编户。这无疑是给予阳江沿海生民改变身份的机会，使得原本游离于官府管理之外的流民得以进入版图，无论是沿海生民还是山上"洞獠"，皆可借此获得合法身份。如今虽然并无明代的方志材料，但是可从(康熙)《阳江县志》里看到明代制度塑造出来的各种身份类型的延续，

---

① 参见〔明〕海瑞、〔明〕叶春及撰《备忘集　石洞集》卷十五《新筑北津寨记》，上海古籍出版社1993年版，第689-691页。
② 参见梁鸾翔《鼍城梁氏家谱》，1987年6月广州留香斋铅印本油印，阳江市图书馆藏。
③ 参见〔明〕戴璟(嘉靖)《广东通志初稿》卷二十九《盐法》，见广东省地方史志办公室辑《广东历代方志集成·省部(一)》，岭南美术出版社2006年版，第493页。
④ 参见李晓龙《宋以降盐场基层管理与地方社会——以珠江三角洲地区为中心》，载《盐业史研究》2010年第4期，第25-36页。

如以水为生的"蛋户"①、山中生活的"猺"以及以制盐为生的"灶户"。"蛋户"即以捕鱼为生之人,地方志中称这些渔人自己并不知道何谓"蛋户",他们浮家泛宅,以一叶之舟扒蚬捕虾,以此为生计。洪武元年(1368)编户立长,设河泊所,以此编额征税;正统年间有"蛋户"三百户;隆庆年间倭寇进犯,沿海疍民死亡过半,后裁去所官,尚存一百零四户。②

所谓的"猺",是指山上以刀耕火种为生计的人群。明代阳江县的"猺山"共十三处:随峒、翼峒、马衔、合沟、秀石、合门、那峒、香炉、苏峒、南坑、杏峒、三龙、温径。这些"猺山"上的"猺"在明代中期就已经向化,被称作"良猺",但其正式立籍还经历了一个波折的过程。嘉靖十年(1531),有县境外的"猺獞"潜入,于是"良猺"赴县告状,请求自立户籍,官府未准。嘉靖二十二年(1543)再告,于是官府将各"猺"清审户口,造册缴报,立了"高山猺"六十七户、"平山猺"一百八十八户、"大山猺"一百零二户。至此,"猺籍"才正式进入阳江县辖。③

明中期的"猺乱"被镇压之后,明末海寇紧接着骚扰边海地区,地方官员将注意力转向完善海防体制;但是卫所开始出现崩溃迹象,明朝政府对阳江沿海秩序的控制力亦开始渐次减弱。在此过程中,伴随着地方官府管控力衰弱而来的,是社会流动的加剧。无论是山民抑或是沿海生民,他们都在极力寻求改变自身身份的机会,这种身份的改变同时与沿海靖安与否及沿海田地开发息息相关。

---

① 蛋户:广东水上居民旧时称为蛋户或疍户。疍户还称蜑户,古时蛋同蜑。故本书中"蛋""疍""蜑"同义。书中所引"蛋""疍""蜑"均出自史料或方志,为保持史料原貌特予保留,不作统一处理。

② 参见〔清〕范士瑾(康熙)《阳江县志》卷二《蛋户》,见《中国地方志集成·广东府县志辑40》,上海书店出版社2013年版,第32页。

③ 参见〔清〕范士瑾(康熙)《阳江县志》卷二《猺户》,见《中国地方志集成·广东府县志辑40》,上海书店出版社2013年版,第32页。

三、清前期阳江沿海的田地开垦与港口贸易

由于自明末起阳江县就边海不靖,清初朝廷实行海禁政策,令沿海生民向内陆迁移,使得从事沿海产盐与远洋贸易的百姓遭受挫折。康熙元年(1662),清廷以"闽寇郑锦猖獗"为由,要求海岛居民尽数内迁,阳江县迁海陵、丰头两岛;康熙三年(1664)再迁沿海居民,自海陵内迁三十里,撤庐毁田、挑壕为界。① 康熙七年(1668),阳江县令孙廷铎借助迁界的机遇,极力招收流民,恢复户额,给予流民入籍的机会。② 康熙七年(1668)十二月,诏沿海迁民复业。康熙八年(1669)七月,海寇石贵、周贤、梁华等投诚。康熙初年的迁海政策使得沿海部分地区及海陵岛的田地、盐场基本被抛荒。孙廷铎遵诏让沿海迁民复业,使得沿海生民归附,却引发了原先田地经界混乱的问题。为此,孙廷铎在康熙十一年(1672)开始清丈全县的田亩。③

由于缺少编户,无法弥补昔日赋税的缺额,地方官必须考虑招揽流民,将其编户入籍,以补缺额。康熙二十三年(1684)二月,朝廷允许海岛迁民复业,海禁大开。然而,现实状况颇不乐观:

> 县令孙之瑜将海陵原迁税米八百石尽报复业,而海陵田亩已被迁二十余年,沧桑改变,多不可稽,且迁民百不存一,开垦寥寥,迄今升科赔累,苦莫胜言。④

税额一如既往上报,但展界后复垦的田地却并无多少,并且"田

---

① 参见〔清〕周玉衡(康熙)《阳江县志》卷三《事纪》,见广东省地方史志办公室辑《广东历代方志集成·肇庆府部(二十七)》,岭南美术出版社2009年版,第98页。
② 参见〔清〕胡森(道光)《肇庆府志》卷十七《官绩》,见《中国地方志集成·广东府县志辑46》,上海书店出版社2013年版,第12—13页。
③ 参见〔清〕周玉衡(康熙)《阳江县志》卷三《事纪》,见广东省地方史志办公室辑《广东历代方志集成·肇庆府部(二十七)》,岭南美术出版社2009年版,第98页。
④ 〔清〕范士瑾:(康熙)《阳江县志》卷三《事纪》,见《中国地方志集成·广东府县志辑40》,上海书店出版社2013年版,第10页。

地荒熟混淆,中有有田无税且有税无田"。康熙二十四年(1685)十二月,知县范士瑾开始着手清丈赋税田地,令各村自丈自报。这就使得原先并没编户的生民,可通过申报田地升科纳税,获得编户的身份。康熙二十六年(1687),范士瑾还力剔弊端,针对过去赋役摊派不均、里长欺压弱户的情况,据实详情后勒石永禁,使得"匀米均差,贫丁无累,里甲朋充,花户获苏"①。范士瑾的一系列措施,使得阳江县的编户数目增加,补充了税米的缺额。同时,他还重视县学建设与庙宇重修,教化沿海百姓。这些举措无疑为沿海生民重新进入政府管理版图从而获得新身份打开了渠道。

阳江濒海商贸繁盛,地方土著与流寓之人均能够因之积累财富。顾炎武描述明末清初的阳江县,称其为"鱼盐蜃蛤之利甲于他邑","县属肇庆府,侨寓多江广之人,故其俗渔商而盐贩,狗利而犯禁"②。康熙初年,阳江的墟市已达41个,嘉庆时期增加到66个。③食盐的产、运、销以及内河航运的发展,使得阳江与周边地区之间的经济联系更为紧密。

如乾隆九年(1744)阳春与阳江之间的食盐买卖,是由所谓的埠商赴运司纳饷拆引,前往阳江双恩场采买盐斛运回总埠,再分发各子埠销售④;再如乾隆五十九年(1794)四月,阳春县疍民郭镇坤等以"浅水小扁、疍船接运往来商贩米谷、货物",若是遇到那旦、潭水、黄泥湾的埠保及阳江之那龙、石滩、清湖等处船头埠役指称差使,则

---

① 〔清〕范士瑾:(康熙)《阳江县志》卷三《事纪十二》,见《中国地方志集成·广东府县志辑40》,上海书店出版社2013年版,第67页。
② 〔清〕顾炎武撰:《肇域志》,见华东师范大学古籍研究所整理,黄珅、严佐之、刘永翔主编《顾炎武全集》,上海古籍出版社2011年版,第3749页。
③ 根据(康熙)《阳江县志》和(道光)《阳江县志》的数据统计所得。参见周玉衡(康熙)《阳江县志》卷一《疆域·墟》,见广东省地方史志办公室辑《广东历代方志集成·肇庆府部(二十七)》,岭南美术出版社2009年版,第15-16页;李澐(道光)《阳江县志》卷一《墟市》,见广东省地方史志办公室辑《广东历代方志集成·肇庆府部(二十八)》,岭南美术出版社2009年版,第151-154页。
④ 参见〔民国〕蓝荣熙《阳春县志》卷四《经政·盐课·饷引》,见广东省地方史志办公室辑《广东历代方志集成·肇庆府部(二十五)》,岭南美术出版社2009年版,第27页。

第一章 盐业与渔业：宋元以降阳江沿海地区的发展

常遭其滥封索诈，稍不如意就将船只押留不放，甚至载运客人货物过埠亦被封阻，过路的兵役亦作同样行为，疍民苦不堪言。① 所有这些记载，都显示了阳江与阳春两县之间、山海之间，因米盐贸易而发生的紧密联系。

航海商贸的兴盛使得地方人群获益甚多，清中期地方开始流传四大富商的故事。从地方志中可以发现，乾隆中期，地方上已经呈现出好读诗书的盛况，不再被地方政府视为化外之地。道光二年（1822）的《阳江县志》已明确记载"富家多建祖祠设尝田"②的现象，而康熙二十七年（1688）的《阳江县志》尚无关于祖祠的描述。在阳江当地流传的四大富商故事的主人翁，他们的发迹时间大都起于清朝中期，所以阳江县地方宗族的大量构建极有可能始于乾隆年间。由此可知在康熙二十七年（1688）至道光二年（1822）的134年间，祖祠开始逐渐出现，并得到地方官府认可，宗族开始成为阳江地方社会一种常见的社会组织形态。

---

① 参见〔民国〕蓝荣熙《阳春县志》卷四《经政·税饷·示禁封船短价碑略》，见广东省地方史志办公室辑《广东历代方志集成·肇庆府部（二十五）》，岭南美术出版社2009年版，第27页。

② 〔清〕李澐：(道光)《阳江县志》卷一《地理志·风俗》，见广东省地方史志办公室辑《广东历代方志集成·肇庆府部（二十八）》，岭南美术出版社2009年版，第184页。

第二章
生计与社会：阳江的人群聚集与滨海村落形成

南宋后期，阳江始开发沙田，沿海和漠阳江三角洲地带开始以"插柳成围"的方法围垦海滩和河滩，与海争地，种植"占城稻"。阳江三角洲的稳步扩大以及海滩的围垦，使得海岸线逐步南移，阳江也逐步发展成为一个以海洋文化为主题的社会。[①] 宋代的阳江乃一孤独海隅，然而，作为"海上丝绸之路"的中转港，多有远洋船舶、商旅途径停留，因而形成"民庶桥居杂处，多瓯闽之人"的人群格局，"吴越所产不乏于斯"。[②] 阳江地区原是"夷獠杂处"，"瓯闽"之人来到这里，与当地族群共同生活、繁衍生息。他们都以耕作或捕鱼为业，并在长期的生活中不断迁移、聚集，最终融为一体。到了明清时期，中央王朝对南部海疆加强治理，国家权力促成了滨海社会的进一步整合。在特殊的地理环境治理下，国家与地方、外部与内部的多维度互动互构共同塑造了滨海村落文化。

一、明清以降阳江的沿海生计与人群流动

明初，朝廷在边海地区置所戍守，一方面是出于捍卫海域、维持地方秩序的政治目的，另一方面也是为了控制沿海盐利。沿海设置所城、内陆山区设置招佃的模式，实际上就是建立控制沿海与控制山地

[①] 参见陈浩天《从考古资料看历史上的阳江与海洋》，载《客家文博》2020年第1期，第34-41页。

[②] 〔宋〕王象之：《舆地纪胜》卷第九十八《南恩州》，中华书局1992年版，第3620页。

第二章 生计与社会：阳江的人群聚集与滨海村落形成

的管理模式。明中期，岭南沿海地区"猺乱"频仍；明末，海贼骚扰，沿岸灶户逃亡。尽管从明至清初，地方官府都力图组织本地生民从事产盐生业，但是由于海寇、天灾等缘故，产盐之民与渔民相继流徙。所以，阳江的双恩盐场实际上是一个人群流动性极大的地区，亦成为地方土著与外来势力博弈之场域。

清初，朝廷实行海禁迁界与重新编造户籍，重新招揽人员开垦田地和盐田以承担赋税缺额。但是，明王朝对"猺户"免收赋税、对所民耕作的官田征收轻税，因为官民田混淆，所以常常出现官田以民田科则收税的情形；清代若延续此类原则，势必导致地方民众趁机隐匿自身身份以降低税收等级。

实施迁民复业的政策之后，除田地赋税管理的麻烦外，大规模的人群流动也引发了身份确认的难题。清康熙十六年（1677），阳江知县周玉衡认为："江邑之民匪惟冒猺，甘作魑魅之群。尤可异者，间有军公力役，非钻托则冒营，较其奸，不过为避重投轻之计耳。殊不知一入罗网，益溱益热，虽欲悔之不可得已。嗟哉，此诚愚而好自用者也。"① 阳江地方民众为了躲避赋役登记而"冒猺""冒营"的做法，让很多人游离于管理之外。② 同时，随着海上航运和港口贸易的兴盛，清初阳江地区的商业已十分繁荣，商贸活动带来的诸多流寓人群使得地方治理颇为困难。

> 江邑岭西僻壤，边山濒海，流寓颇多，苟利轻禁，素称难治。居民偏好以租揭债，而流寓之人乘其急以射利取息数倍，稍偿之逾时，则群然而攻之，不夺不餍。而土著豪殖之家役属贫弱，以武断乡曲。里蠹狡猾之辈，箕敛排户，以咀嚼甲丁，习染

---

① 〔清〕周玉衡：（康熙）《阳江县志》卷一《猺俗》，见广东省地方史志办公室辑《广东历代方志集成·肇庆府部（二十七）》，岭南美术出版社2009年版，第35页。
② 参见〔清〕周玉衡（康熙）《阳江县志》卷二《猺户》，见广东省地方史志办公室辑《广东历代方志集成·肇庆府部（二十七）》，岭南美术出版社2009年版，第46页。

成风,其大较也。①

此段文字的叙述者孙廷铎清楚地看到,尽管濒海商贸活动带来的来自南海、番禺、顺德、新会等处的流寓之人是地方官府财税的重要来源,但他们的经济活动又使得地方居民养成了"偏好以租揭债"的习惯。而"土著之家"和乡村里长压榨民众,更使其无法为地方齐民营造休养生息之环境。同时,清代顺治年间,阳江仍常受海寇侵扰,沿海盐场之民或死或走,拒绝造册,成为灶丁。清初的禁海政策,使得从事沿海产盐与远洋贸易的百姓遭受挫折;海禁解除,展界之后,孙廷铎才得以重新招揽灶丁,开垦沿海灶田,恢复产盐事业,给予流徙之人重新成为编户的机会。

阳江作为因海而生、向海而兴的地区,在南宋后期即已得享渔盐之利,只是暂时无法知晓地方势力是如何控制盐田的。明初,朝廷为海防计,设立所城以维护地方治安。是以所城附近既为沿海滩涂,更是灶田所在。康熙初年迁界展复之后,重新招回灶丁。乾隆时期,进一步开垦新生盐田,以增税源,同时改革盐法制度,改埠为纲,归纲归所,打击私盐贩卖。

渔盐生业和贸易的兴盛使人群聚集,地方文化风俗亦逐渐发生变化。除前述地方志中明确记载的"富家多建祖祠设尝田"②现象之外,地方祠庙的设立也渐多见载于地方史志文献之中,如康熙二十年(1681)修撰的《阳江县志》就记载了县城崇善坊里的天妃庙,始建于嘉靖年间,被时人称为"祖庙"。③

到了光绪年间,随着承定饷、盐引和渔引、渔票饷等制度的推行,从事渔业的人群被广泛纳入食盐运销的体系之内;由此吸引了众

---

① 〔清〕周玉衡:(康熙)《阳江县志》卷三《事纪》,见广东省地方史志办公室辑《广东历代方志集成·肇庆府部(二十七)》,岭南美术出版社2009年版,第33页。
② 〔清〕李澐等辑:(道光)《阳江县志》卷一《地理志·风俗》,台湾成文出版社1974年版,第184页。
③ 参见〔清〕周玉衡(康熙)《阳江县志》卷三《古迹》,见广东省地方史志办公室辑《广东历代方志集成·肇庆府部(二十七)》,岭南美术出版社2009年版,第92页。

多资本，渔港变为圩场，形成如东平、大澳、闸坡、沙扒等众多港口，更多的外来人口聚集于阳江沿海之地，甚至从此定居于此。

二、沿海村落人群迁移定居的历史概貌：以阳东区为例

对于生活在阳江地区的人们而言，人群迁移定居、渐至形成沿海村落的历史过程，都是真实的生活和历史记忆。我们还可以通过探寻一个个村落的历史发展过程及民间留下的种种印记，来窥见它们的共同点和差异性。以下以现阳江市阳东区的沿海村落（东平镇6个、大沟镇4个、雅韶镇8个）为例，依据《全粤村情（阳东区）》[①]一书中的相关信息，对这些村落的地理位置、建村时间、主要人群、迁徙历史等内容进行初步梳理，制作村落信息卡（编号规则：乡镇名称首字母缩写-阿拉伯数字村落编号），以呈现沿海村落人群迁徙定居的历史概貌。

（一）东平镇

东平镇辖下有1个社区和19个行政村，本章村落信息卡涉及的村落有大澳村、盐灶村、海萌村、北环墩村、北政一村和北政二村共6个村落。

村落信息卡 DP-1：大澳村[②]

地理位置	位于东平镇的东部海边，距离镇政府3千米
始建时间	唐宋时期，潮州人到此经商建埠而成。因地居海岸线之东端，故取名"大澳村"。曾用名"西大澳"，又叫"大澳埠"

[①] 参见广东省人民政府地方志办公室《全粤村情（阳东区卷一）》，中华书局2018年版，第131-134页。

[②] 参见广东省人民政府地方志办公室《全粤村情（阳东区卷一）》，中华书局2018年版，第131-134页。

(续上表)

现有人群	黄、梁、杨、林、郑、周、曾、廖、李、蔡、冯、赵等姓
族　　谱	《梁氏族谱》
迁移路线	梁姓：（南宋）福建—南雄珠玑巷—（元代）阳江县那味村—（民国）大澳； 黄姓：台山—（清末）东平—（民国）大澳； 冯姓：大沟镇庐山村—（清末）东平—（民国）大澳； 杨、林、郑、周、曾、廖、李、蔡、赵等姓：民国—新中国成立初期迁来，迁出地不详

村落信息卡 DP-2：盐灶村[①]

地理位置	位于东平镇东部，距离镇政府约3千米，南靠大澳渔村，北接允安村，北有马岭山，南耸虎头山，村前有葛洲岛，村后有允泊河，是允泊村村委会的所在地
始建时间	清咸丰十一年（1861），由梁姓始祖建村后，其他姓氏的居民陆续从不同的地方移居此地而形成。因濒临海边的沙滩晒盐地，故取名盐灶村
现有人群	世居村民有梁、陈、刘、冯等姓氏
族　　谱	未访得
迁移路线	梁姓（第一大姓）：始祖清咸丰年间（1851—1861年）从阳江县北惯镇迁移至该村； 陈姓（第二大姓）：始祖于清末从台山汶村迁移至该地； 冯姓（第三大姓）：不详； 赵、蔡、吴、求、李、朱、茹等姓来源、班辈均不可考

[①] 参见广东省人民政府地方志办公室《全粤村情（阳东区卷一）》，中华书局2018年版，第19-20页。

第二章　生计与社会：阳江的人群聚集与滨海村落形成

村落信息卡 DP-3：海蔺村①

地理位置	位于东平镇北部，距离镇政府约1.5千米，东与高洋村相邻，西与白庚村交界
始建时间	清朝，吴姓先祖迁入开基建村。据口传，始建时村南原为小海湾，海滩上生长着许多海蔺树（即红蔺树），故名
现有人群	吴姓、黄姓
族　　谱	吴姓有《大亨村吴氏族谱》，成书于2003年
迁移路线	吴姓：[明永乐元年（1403）]福建—台山—恩平—（清代）恩平大亨村—海蔺； 黄姓：（南宋）广东南雄珠玑巷—恩平—大澳—（1936年）大澳—海蔺

村落信息卡 DP-4：北环墩村②

地理位置	位于东平镇西北部，距离镇政府约3千米。村西北与正南方各有一条小河，两河汇合于村前，依地形取名，曾用名为"北环圩"
始建时间	明朝中期，建村时已有少量村民散居，后范姓先祖从阳江北惯迁移至该地而逐渐形成大村
现有人群	主要有范、李、林、邱、冯、黄、王、许、蔡、陈、卓、朱等姓
族　　谱	《范氏族谱》（光绪五年，1879）、《云步李氏宗谱》（1947）、《良洞李氏宗谱》（1998年纂修）

---

① 参见广东省人民政府地方志办公室《全粤村情（阳东区卷一）》，中华书局2018年版，第47-48页。
② 参见广东省人民政府地方志办公室《全粤村情（阳东区卷一）》，中华书局2018年版，第76-79页。

（续上表）

迁移路线	范姓：（明朝中期）福建宁化—广东肇庆—（清初）阳江北惯镇—北环墩村； 李姓：（宋末）南雄珠玑巷—（明成化年间）广东开平神步镇（今属新会）—北环墩村； 冯姓：（民国初期）大沟镇庐山村—北环墩村； 其余姓氏村民的来历无法考证
圩场变迁	原村场地在南海边，并建有圩场，因海平面升高，圩场慢慢消失，村民逐步向后面山边迁移建村

村落信息卡 DP-5：北政一村[①]

地理位置	位于东平镇东北部，距离镇政府约10千米，与那黑村、连浪村、北政二村、北政三村、北政四村等自然村相邻。曾用名为"北政上村"
始建时间	清道光年间（1821—1850年），梁氏先祖迁入，开基建村
现有人群	世居均为梁姓
族　　谱	与北政二村、三村、四村合修《梁氏族谱》，成书于2001年
迁移路线	（明万历年间）福建—广东南雄保昌县牛田村—阳江金鸡社—（清道光年间）北政一村

村落信息卡 DP-6：北政二村[②]

地理位置	位于东平镇东北部，距离镇政府约10千米，与那黑村、连浪村、北政一村、北政四村等自然村相邻，与北政三村相连，仅一巷之隔。曾用名为"北政中村"

[①] 参见广东省人民政府地方志办公室《全粤村情（阳东区卷一）》，中华书局2018年版，第116-118页。

[②] 参见广东省人民政府地方志办公室《全粤村情（阳东区卷一）》，中华书局2018年版，第118-120页。

第二章 生计与社会：阳江的人群聚集与滨海村落形成

（续上表）

始建时间	清乾隆年间（1736—1795年），李姓先祖迁入形成。又叫"北政中村"
现有人群	多为李姓
族　　谱	该村与良垌村李氏宗亲修有《云步李氏宗谱》（1947年内纂修）、《良洞李氏宗谱》（1998年纂修）
迁移路线	（南宋末年）南雄珠玑巷—开平神步—（明成化年间）阳江良垌村—（清乾隆年间）莲浪—北政二村

从以上村落建村的时间来看，北环墩村较大澳村、盐灶村、海茵村都早，为明代中期。值得注意的是，北环墩村的范姓先祖从阳江北惯迁移到该地，这与盐灶村的梁姓的迁出地一致。但是，盐灶梁姓是清咸丰时期从北惯镇来的，北环范姓是清代初年从北惯镇来的。可见，东平镇及其邻近村落最早的建村时间都可追溯到明中期，建立宗族的时间大约则从清代开始；而这些村落的人口迁移故事，也存在类似的结构。

（二）大沟镇

大沟镇下辖1个社区、15个行政村，辖区内的沿海村落在地理空间、聚落形成与宗族成立时间上，与东平镇的情况类似。

村落信息卡 DG-1：下灶村[①]

地理位置	由旦那村和新村组成，位于大沟镇东南部，距镇政府约2.8千米，东与寿长村相对，西至寸头下村，北为那梨头村
始建时间	明末。因大沟河上游有盐灶村（今属徐赤行政村）而取名下灶村。因村民聚居煮盐形成村落

[①] 参见广东省人民政府地方志办公室《全粤村情（阳东区卷二）》，中华书局2018年版，第479-480页。

(续上表)

现有人群	盐民、盐商。目前有江、梁、简3个姓氏
族　谱	与阳西宗亲共修有《江氏族谱》，由阳西编修理事会纂修，成书于2014年
迁移路线	江姓（第一大姓）：广州江村—（明末）下灶村； 梁姓（第二大姓）：大八雷冈—（清中叶）下灶村； 简姓：潮州—（清）下灶村

村落信息卡 DG-2：曾屋村[①]

地理位置	位于大沟镇东南部，距镇政府约6千米，相邻的自然村有下村、顶头村、李屋村、新村
始建时间	清初。因历史上人口迁入而形成。该村为曾姓祖先兄弟6人于明代中叶所建，故而取名"曾屋村"，曾用名为"曾屋寨"
现有人群	曾、梁、黄三姓
族　谱	未访得
迁移路线	（明中叶）山东—广东江城白沙华直村—（明末）分支移居庐山—（清初）曾屋村

村落信息卡 DG-3：顶头村[②]

地理位置	位于大沟镇东南部，距镇政府约6千米，东临寿长河，西为农田，田外三丫河，南面毗连曾屋村
始建时间	清咸丰元年（1851），雷姓人家建村。开基先祖为寿长雷氏大房，居住在寿长河区域边的村头，原村头闸口有"太安上村"字样，故取名"顶头雷"，后改为"顶头村"

[①] 参见广东省人民政府地方志办公室《全粤村情（阳东区卷二）》，中华书局2018年版，第516-518页。
[②] 参见广东省人民政府地方志办公室《全粤村情（阳东区卷二）》，中华书局2018年版，第519-520页。

第二章　生计与社会：阳江的人群聚集与滨海村落形成

（续上表）

现有人群	均为雷姓
族　谱	《雷氏重修族谱》四卷，为广东省台山后翁后裔编修重订。该族谱亦是邻近的新村、下村等村雷姓居民的族谱
迁移路线	（明）台山大江外寨墩—（清康熙五十五年，1716）阳江大沟寿长村—（咸丰元年，1851）顶头村

村落信息卡 DG-4：李屋村①

地理位置	位于大沟镇东南部，距镇政府约7千米，与新村、顶头村、下村、曾屋村相邻
始建时间	清咸丰年间，由于人口迁入形成村落，因李姓人家建村而得名
现有人群	皆为李姓
族　谱	《陇西李氏三房道全翁第十三世祖万成家谱》（2000年由寿长李屋村李万成二十五世裔孙李朝伦修编）
迁移路线	清咸丰年间，李氏先祖李万成受朝廷委派驻守海茴城，将三个儿子安置在庙寨墩（即今寿长顶头村）居住

上述大沟镇的村落历史大体与东平镇的情形相似，大多村落是在清代才开始建村，靠近海边的村落寿长村下辖的自然村如曾屋村、顶头村、李屋村等，基本上是清中期才开始建村立祠。邻近寿长村的三丫村中存有供奉妈祖的三丫祖庙，相传为明代后期所建，庙宇牌匾上书"天后宫"。

（三）雅韶镇

与前述两镇的沿海村落不同，雅韶镇的沿海村落在历史上更具有军事意义，人群流动也更频繁，相应地，当地村民姓氏及其迁徙的情况也更为复杂。

---

① 参见广东省人民政府地方志办公室《全粤村情（阳东区卷二）》，中华书局2018年版，第523-525页。

村落信息卡 YS-1：陂头村①

地理位置	位于雅韶镇东南部，距镇政府3千米。西为潮铺村，南为石塘村
始建时间	明末谭姓人家建村。原名"坡头墩"，因村场坐落在山坡高墩处而得名
现有人群	世居村民主要有何、谭、黄、倪、陈、林、周等姓
族　　谱	未访得
迁移路线	据村民口口相传，何、谭、黄三姓均于明末迁至该地，其余各姓源流不详

村落信息卡 YS-2：潮蒲村②

地理位置	位于雅韶镇东南部，距镇政府约3千米。东与陂头村相邻，西南与津浦行政村的上海屋村相接，北靠八一行政村的鸥村
始建时间	明初，英姓人家建村。后又有卓、蔡、陈、谭、林、叶、黄、严、欧、徐、余等姓人家迁此聚居。因村落近海，每逢潮涨，村边海水一片茫茫，村落像浮在潮水中，故名"潮蒲村"
现有人群	卓、陈、蔡、谭、林、叶、黄、严、欧、徐、余、梁等姓
族　　谱	未访得
迁移路线	卓姓（第一大姓）：（明末清初）汕头—潮蒲村； 陈姓（第二大姓）：（明朝）河南—汕头—（明末清初）潮蒲村； 其余各姓，何时由何地迁至该地不详

---

① 参见广东省人民政府地方志办公室《全粤村情（阳东区卷二）》，中华书局2018年版，第287-289页。
② 参见广东省人民政府地方志办公室《全粤村情（阳东区卷二）》，中华书局2018年版，第289-291页。

第二章　生计与社会：阳江的人群聚集与滨海村落形成

村落信息卡 YS-3：石塘村①

地理位置	位于雅韶镇东南部，距镇政府约3千米，西与潮蒲村相近，东与华洞村相邻，东北边有溪平村，西北边有陂头村
始建时间	清初，由严、杨、陈、何、林等姓人家聚居形成。《阳东县志（1988—2000）》记载："石塘，明初，商船在此停泊，因海滩有礁石，古称'石埠'。明代后期，海滩淤积，变成沙朗地，中有池塘，故名。"
现有人群	何、陈、杨、林、冯、谭、李、刘等姓
族　谱	未访得
迁移路线	何姓：（道光年）阳江马曹—石塘村； 陈姓、林姓：（清初）由外地—石塘村； 其余姓氏源流不详

村落信息卡 YS-4：北津村②

地理位置	位于雅韶镇西南部，距离镇政府约5千米。村子在漠阳江入海口的北岸，西与对岸村隔河相望，北面是石桥村，东面是下海屋村。此处为渡口，依山濒海，与埠场镇南津村对峙，故名"北津村"，又名"刘屋园"
始建时间	（明初）由陈氏族人的先祖在此定居而形成
现有人群	多姓杂居，世居村民有陈、刘、雷、洪、黄、沙等姓
族　谱	未访得

---

① 参见广东省人民政府地方志办公室《全粤村情（阳东区卷二）》，中华书局2018年版，第292－294页。
② 参见广东省人民政府地方志办公室《全粤村情（阳东区卷二）》，中华书局2018年版，第324－326页。

(续上表)

迁移路线	陈姓（第一大姓）：陈瑜公为津浦陈氏始祖； 刘姓（第二大姓）：据村民传说，刘姓村民大多以捕鱼为业，经常会停靠北津，得到陈姓的帮助，后陆续有人定居下来； 雷姓（第三大姓）：从阳东区大沟镇寿长村迁来

村落信息卡 YS-5：杜屋寨村[①]

地理位置	位于雅韶镇南部，距离镇政府约3千米。村子西边是合浦村、冲边村，西南面是横垄村、石桥村，村东面是双北公路，南面是津浦行政村、津浦小学、公庙山，北面是雅韶行政村
始建时间	清中期，杜姓人家建村，以姓氏定名"杜寨"，亦称"杜村仔"。随后，雅韶谭姓陆续迁入。杜屋寨村分旧寨和新寨
现有人群	世居村民均为杜姓
族　　谱	未访得
迁移路线	清中期，六世祖杜少台、杜简台、杜懋进及杜仕球等始建今日杜屋旧寨，八世祖杜颖昌、杜颖奇创设杜屋新寨

村落信息卡 YS-6：合浦村[②]

地理位置	位于雅韶镇南部，距离镇政府约3千米。村子西南面是冲边村、横垄促，村东是杜屋寨村，南面是津浦行政村、津浦小学、公庙山，北面是雅韶行政村
始建时间	始建于明初。原村名"黑煲村"，因钟姓祖先迁徙途中行至此地时，天黑住下来后繁衍成村而得名，后来钟姓人家逐步迁走
现有人群	多姓杂居，世居村民有陈、谭、林姓

---

① 参见广东省人民政府地方志办公室《全粤村情（阳东区卷二）》，中华书局2018年版，第329-330页。
② 参见广东省人民政府地方志办公室《全粤村情（阳东区卷二）》，中华书局2018年版，第331-333页。

第二章 生计与社会：阳江的人群聚集与滨海村落形成

（续上表）

族　谱	未访得
迁移路线	陈姓（第一大姓）：陈氏始祖先在明时北津建村，后在冲边设寨—横垄村—（清初）分迁合浦，将其改名为"合浦村"； 谭姓（第二大姓）：来自雅韶五丰行政村； 林姓（第三大姓）：据说是从雅韶平岚村搬到大客圩做生意而居住下来，后来因为大客圩衰落便移居合浦等村

村落信息卡 YS-7：上海屋村①

地理位置	位于雅韶镇南部，距离镇政府约3千米，处于阳东沿海丘陵地带，东边500米有潮蒲村，西边紧邻下海屋村
始建时间	清初，据《阳东县志（1988—2000）》记载"上海屋，清末陈姓人家建村"。分为上海屋、中海屋、下海屋三村。片村原名"围屋"。因面海，改称"海屋"。本村在东北方，居上位，故名
现有人群	陈、利、李、林、谭、张等姓
族　谱	未访得
迁移路线	陈姓（第一大姓）、利姓（第二大姓）、李姓（第三大姓）均在清初从津浦合浦迁至上海屋村

村落信息卡 YS-8：下海屋村②

地理位置	位于雅韶镇南部，距离镇政府约3千米。处于阳东沿海丘陵地带，东边与上海屋村紧紧相连，西南边是北津港，北边与石桥村隔山相望

---

① 参见广东省人民政府地方志办公室《全粤村情（阳东区卷二）》，中华书局2018年版，第336-337页。
② 参见广东省人民政府地方志办公室《全粤村情（阳东区卷二）》，中华书局2018年版，第340-342页。

(续上表)

始建时间	清初。因村子在居于东北方上位的上海屋村西边，故取名为"下海屋村"
现有人群	陈、雷、谭、利、李、林、张等姓
族　谱	未访得
迁移路线	陈姓（第一大姓）、雷姓（第二大姓）、谭姓（第三大姓）均在清初由津浦合浦迁至下海屋村； 村庄由于靠南海很近，多次受到海潮的侵袭。20世纪60年代初期，大部分村民开始搬迁到较远的大客山、烟墩山、望瞭山和牛山下居住，形成现在的海屋村，仍然分为上、中、下海屋三村。60年代中期，此村分为上海屋村和下海屋村。有宗族活动、家族活动

以上雅韶镇的沿海村落，除了北津村、下灶村在明代就已有人群聚居建村外，其余的大多是于清代建村立族的。从各村落的地理空间分布来看，北津村地处入海口处，人员流动频繁；下灶村在明时靠近沿海，成为晒盐之地，其延展到海边的田地至少也是在清代才逐渐形成的。由此可推断，其他与之邻近且更靠近沿海的村落应形成于清代。

东平镇、大沟镇、雅韶镇沿海村落的人群移动历史记忆，展示出早期阳江沿海地区常态化的人口流动样貌。不同姓氏的人群不断地迁徙移动，直到清代才逐渐定居下来，开始大量建村、建祠、修谱，形成较为稳定的村落格局。地方人群迁移、定居的历史过程背后，是这片区域曾经发生的自然地理环境变迁，以及其所引发的资源结构和人群生计的转变。

三、沿海渔村的形成及生计转变

明代以来，漠阳江与那龙河入海口逐渐冲积成田，沿海生民在此筑基围垦，阳江县城及其周边地区也逐渐形成聚落，靠近大海的阳江

第二章 生计与社会：阳江的人群聚集与滨海村落形成

城及沿海地区频频遭受漠阳江水的冲刷和海水的淹没，县城南部的房屋和民田遭到破坏。（康熙）《阳江县志》对此有详尽的记载：

〔明〕天顺六年壬午大水。潦水迎潮，暴长旬日，坏官民房屋、溺人畜，冲田地甚多。

明正德九年甲戌秋八月飓风大作。拥咸水入港，杀沿海禾稼殆尽。

〔明〕万历四十有八年庚申夏四月，大雨水。暴雨迎潮，水溢八尺，西门外蛋场、麻壕一带民房崩陷者七百余家，白沙顶、麻布演、津头萌等村庐舍淹没殆尽。①

从受灾毁坏的人畜、田地、庄稼及房屋数量来看，彼时阳江城附近沿海区域已有相当规模的村落。清康熙年间，阳江沿海的入海口处已经有大量新田地并形成村落，清康熙二十一年（1681）七月，飓风大作，咸水入港淹没沿海禾稼，导致那罗、那贡、雁村、端逢、郡台、独州数图的田亩赤地无收。②

清初，迁海政策致使沿海生民失去产业，地方政府亦缺少税额。当时沿海生民的产业，极有可能就是沿海田地与盐田。康熙年间，阳江沿海仍有很多蛋民，地方官员将其中的一部分招集编户，保护他们的财产。彼时他们的产业很可能就是漠阳江入海时所冲积出来的沙田。

与沧海桑田的地景变迁相伴随的，是沿海村落的诞生，这在阳江沿海地区似乎是一种普遍的民间历史记忆。位于海头所城旧址附近的海头村，邻近山上保留有刻写着"镇海石"三字的巨石，此山极有可能昔日近在海边。山下即为今天的海头村，村口的观音阁（见图2-1）后有康熙年间时任阳江县知县孙廷铎所题之"第一山寺"石刻

---

① 〔清〕范士瑾：（康熙）《阳江县志》卷三《事纪》，见《中国地方志集成·广东府县志辑40》，上海书店出版社2013年版，第62-64页。
② 参见〔清〕范士瑾（康熙）《阳江县志》卷三《事纪》，见《中国地方志集成·广东府县志辑40》，上海书店出版社2013年版，第66页。

（见图2-2）。可见，康熙时"镇海石"石刻与大海之间已经有了海头村和观音阁。而据观音阁中的老人介绍，观音阁前的田地昔日为汪洋，20世纪50年代才开渠灌溉，原本靠近大海的盐田逐步被改造为适合种植水稻的农田（见图2-3）。

图2-1　"第一山寺"观音阁（杨海源摄）

图2-2　"第一山寺"石刻（杨海源摄）

第二章 生计与社会：阳江的人群聚集与滨海村落形成

图2-3 "第一山寺"观音阁外辽阔的田野（杨海源摄）

清初迁民复业后，阳江沿海生民以捕捞、海上商贸等海洋生计方式积累资本，用以购置土地、升科纳税，从而成为编户，借此巩固自身已获得的田产。随着人口的繁衍，定居下来的人群形成宗族并不断壮大，生存资源需求及开发能力也不断加强，田地作为一种重要的宗族族产被逐渐累积了起来，成为地方大族立族和血脉延绵的基础。① 从当地族谱中可以看到，清中期以后地方大族大多拥有自己的田地，如阳江城内的梁姓在城内有瓦铺，在江边的那洛等地有田地。②

那洛洛东村位于阳江城南，靠近漠阳江边，老族谱记述了该村陈氏家族的发展史。

> 陈氏五世四世有迁居那洛之后，产业无多，由海陵以来蒸尝

---

① 将控产视为宗族运行的物质基础，是学界较为普遍的认识，在对宗族的这一认识基础之上还生发出诸多富有意义的讨论，相关研究成果蔚为大观，较有代表性者如［英］莫里斯·弗里德曼著、刘晓春译：《中国东南的宗族组织》，上海人民出版社2000年版；David Faure, "The Lineage as a Cultural Invention: The Case of the Pearl River Delta", *Modern China*, vol. 15, no. 1, 1989, pp. 4-36；郑振满：《明清福建家族组织与社会变迁》，湖南教育出版社1992年版；刘志伟：《在国家与社会之间——明清广东里甲赋役制度研究》，中山大学出版社1997年版；David Faure, *The Structure of Chinese Rural Society: Lineage and Village in the Eastern New Territories*, Hong Kong: Oxford University Press, 1986; *China and Capitalism: A History of Business Enterprise in Modern China*, Hong Kong University Press, 2006；科大卫著、卜永坚译：《皇帝和祖宗：华南的国家与宗族》，江苏人民出版社2009年版；等等。
② 参见梁鸢翔《鼍城梁氏家谱》，1987年6月广州留香斋铅印本油印，阳江市图书馆藏。

有限,是以创业固难也,不可强也。而守成者亦不易信斯言也,何也。盖我祖传至八,世捐提科合几废经积起赏银三五之数,于斯时也,祖宗之期有望子孙之祭祀始有期,祖孙正为可幸也,不意房长一旦吞之尽入私囊,无数可算,祖宗之神台至于零落。四五十年子孙之无尝失祭者,竟沿两代,可幸者反为可悲也。然吞尝之人虽无尽识而臭遗万年,晦气常闻,若此者亦置之勿论矣。启复积尝业其事其人可历历而胜志之焉,前既无尝可守,孤遗一穴狗山。至乾隆四十四年兑大虾多[?]田壹坵为尝轮耕,每年租谷叁石,交与焕尧公、朝卫公、陈胜公、律新公等互相掌管。其始十年科丁祭祖,续后十年渐渐有积尝,积嘉庆八年二十四五载之人买尝租四十余石,众欲买塘,限钱不给,故将尝田发卖,此价转交塘钱,尚剩租五六石兼已成都那洛洲田壹坵,叚鱼塘壹口以为尝业,固不少矣。吾为子孙者秉公理尝,积而至于千万起造宗祠,多置产业,子孙永赖正无谅也。所以祖宗之芳仪可以世世传之子孙不朽矣。为子孙者岂可不善继而善述者哉。①

从该族谱记载的故事来看,那洛洛东村村民原来应是在海上以捕鱼为生,后来用在海上捕鱼的收益买田作为尝业,并逐渐有所积累。陈氏一族以海洋资本为基础购置田塘、积累财富,随后建祠堂、置蒸尝,大体展示了沿海人群逐渐从渔业转为半农半渔的生计模式的发展路径。随着生计模式的转变,流动海洋人群最终也在大陆上定居,形成相对稳定的村落。

这样的人群生计的转变,在阳江沿海一带可谓是一种模式化的文化现象或家族记忆叙述范式。在同样位于漠阳江入海口的大萠村,陈氏族人在其族谱中的记载亦暗示了他们原先是在海上谋生。该族在明朝并未有谱,至清代才成巨族,其间并未有祀田,后来在雍正、乾隆年间,众

---

① 《阳江市江城区那洛洛东村陈氏族谱》(2012年),阳江市图书馆地方文献部藏,第199-200页。

第二章 生计与社会：阳江的人群聚集与滨海村落形成

人才按照五大房科派出钱积累尝产，以资祖祠建设与祭祖之用。①

综上所述，明清时期，阳江沿海地方一个颇为重要的变化，大概可推王朝国家海防管控的加强，明代置所、清初迁界后再展复，对沿海地方社会秩序进行不断的重整，而相关人群也历经地域空间和社会身份的流动与转换。在这一过程中，阳江沿海地区的自然资源得到不断开发，沧海变桑田、村落得以形成，区域内外的商贸也持续繁荣。透过阳江城南原是海面的地方，变成田地，逐渐人群聚居，形成村落，我们大体可以看到漠阳江入海口处逐渐被开发成田地的过程。原来以在附近海域捕鱼为业的生民则通过开垦田地、租用或购置田塘等方式逐渐积累财富，上岸定居后，生计亦从捕鱼转为半农半渔。

---

① 参见《阳江大萌陈氏族谱·卷一》（光绪九年），阳江市图书馆地方文献部藏。

第三章
从水上到陆地：阳江渔村聚落形态及生活空间演变

村落是人类生活居住和进行一系列活动的场所，包括物质与非物质两个层面：前者作为聚落的物质实体空间，包括选址、布局、规模、边界、建筑、空间结构等；后者作为群体活动空间，包含因群体活动而形成一系列的社会关系，如宗族、政治、经济、文化、信仰等。[①] 早期渔民在水上生活，以舟为家，后逐渐在岸边搭建水栏作为住所，上岸后则建造木屋、瓦房居住。本书以村落地理位置为划分标准，把渔民在水上生活所形成的聚落界定为水上渔村，把渔民上岸后定居所形成的聚落则称为陆地渔村。

本书所述及的新中国成立前的水上渔村和陆地渔村都不是传统意义上的纯渔业村落。住宅建筑是水上渔村构成的唯一要素，从形态学来说，这种渔村大概只能算是早期的渔业聚落，处于渔村的萌芽阶段。陆地渔村虽然具备了村落的物质和非物质要素，但渔业往往并非村落的唯一生计方式。《中国渔业历史》提及"渔古无专业，故亦无专史"[②]，故而无"专业渔村"之称谓。陈芳惠也认为渔业聚落以渔业活动为主，但纯渔业聚落较少，除了以捕鱼为生，在条件允许的情况下，渔民也会适当地兼营其他活动，在渔汛时从事渔业，同时也兼事农业，半农半渔、半山半渔等现象比较普遍。[③] 在今天的阳江地区，所见的亦多是以渔民群体与渔业活动为主、兼营农业或商业等其他生

[①] 参见胡彬彬、邓昶《中国村落的起源与早期发展》，载《求索》2019年第1期，第151–162页。
[②] 沈同芳：《中国渔业历史》，上海江浙渔业公司1906年版，第1页。
[③] 参见陈芳惠《村落地理学》，台湾五南图书出版公司1984年版，第252页。

第三章 从水上到陆地：阳江渔村聚落形态及生活空间演变

计的聚居聚落。这些渔村散布于南海之滨，以各自不同的故事，讲述共同的区域历史。

一、水上渔村

阳江有句俗话："疍民无家贼无村。"自古以来，渔民常视捕捞资源情况而在一定范围内迁徙，他们以舟为家，并未形成长期的、固定的、规模化的居住点。天然的避风缓水区域因有着便利的停泊地理条件，往往成为渔民栖身之首选，同时，渔民也只有群聚在一起，才能更好地抵御瞬息万变的海上天气，早期渔民的自然聚落因而得以形成。

考古发现的鬼寨山、赤靓坡、丹济村、红坎头（分布于今阳江大沟、雅韶、闸坡等沿海一带）等遗址表明，早在新石器时代晚期，阳江的滨海岛屿上已有以渔猎为生的先民活动。遗憾的是，至今尚未发现渔村性质的遗址。可能是渔民属于边缘群体的缘故，与其相关的历史文献远不足备。不过，我们仍能从有限的史料中看到诸如"以舟楫为宅或编篷濒水而居，谓之水栏"[1]、"疍户者，以舟楫为宅，或编篷滨水而居，谓之水栏"[2] 之类的记载。这种舟居或棚居的聚落虽具有一定的实体空间（住宅）和相对稳定性，但仅有规模或大或小的住宅建筑，聚合性较弱，自然边界模糊，尚未有公共建筑与聚落中心，还不具备当下所定义的村落的全部要素。

（一）舟居聚落

舟居聚落即以住家船为居住的基本单位，形成一定规模的聚居。舟居一般在内河沿江缓水区域，船与船之间不相互连接，船只分布较稀疏。如漠阳江沿岸一带的渔民多以舟艇为单位，在汀、溪、渔矶、

---

[1] 〔清〕姜山：（乾隆）《阳春县志》卷终《猺蛋志》，见广东省地方史志办公室辑《广东历代地方志集成·肇庆府部（二十四）》，岭南美术出版社2009年版，第255页。
[2] 〔清〕康善述：（康熙）《阳春县志》卷之十八《蛋附》，见广东省地方史志办公室辑《广东历代地方志集成·肇庆府部（二十三）》，岭南美术出版社2009年版，第527页。

岸等傍水而居，这些区域通常水流缓慢，适合船只暂时停泊。清人庄大中诗句"湿网初收海气腥，蛋家生小住烟汀"① 中的"烟汀"即指烟雾笼罩的水边平地。清人廖燕《渔家竹枝词》中"乱沙如雪拥溪斜，星散渔村三四家"②，即描述了清清溪水旁零星分布着几户疍家的景象。又有渔民随遇而安，"一舸江天罢钓归，卖鱼沽酒泊渔矶"③。再有《竹坞渔灯》诗曰："翠竹森森漠水西，半江渔火杂青藜。……渔翁醉倒舟横岸"④，描绘了漠阳江西岸竹坞中渔家的夜间生活情景。

住家船具备谋生与住家双重功能，生活在内河上的渔民来去自如，随遇而居，这也导致了其分布零散。显然，这种分散型的舟居聚落规模极小，船只或三五或九十，沿着江河岸边方向延伸成带状布局，难以界定聚落范围。相较而言，沿海地区舟居聚落的防御性、聚合性特征则较为鲜明，尤其在面对恶劣海上天气时，"海面清涵白镜天，渔人旬日不开船。恶风预避齐湾泊，疍妇频赊买粉钱。……一夕风潮江水深，海船纷泊密于林"⑤。每当台风来临之际，船舶纷纷回到避风港口内，船只之间相互串联，共同抵御台风，充分说明了聚船群居的必要性。集中型舟居聚落主要分布在沿海港口等区域，如"戙船澳……商廛栉比，渔船云集（渔船四百余艘）"⑥，"东平港……容积颇大，常有帆船数百艘泊湾"⑦。图3－1为渔港舟船泊岸盛况。一般而言，沿海水上聚落的自然边界与港口的边界大体重合，在这一个共同的空间内船只停靠自由，具有相对的稳定性。

---

① 〔清〕庄大中：《海上竹枝词五首》，见陈宝德主编《阳江历代诗词选》，中州古籍出版社2016年版，第82页。庄大中（1714—1777），江苏元和人，时任阳江县令。
② 钟山、潘超、孙忠铨编：《广东竹枝词》，广东教育出版社2010年版，第327页。
③ 林洁予：《西浦渔歌》，见陈宝德主编《阳江历代诗词选》，中州古籍出版社2016年版，第231页。林洁予（？—1959），曾任阳江县参议，商会会长。
④ 〔清〕王若霞：《竹坞渔灯》，见《若霞亭诗集》，中国文联出版社，1993年版，第84页。
⑤ 〔清〕李春元：《鼍江竹枝词（选五十首）》，见陈宝德主编《阳江历代诗词选》，中州古籍出版社2016年版，第121页。
⑥ 〔民国〕张以诚等：《阳江志》卷六《地理志·港湾》，见广东省地方史志办公室辑《广东历代方志集成·肇庆府部（二十八）》，岭南美术出版社2009年版，第397页。
⑦ 〔民国〕张以诚等：《阳江志》卷六《地理志·港湾》，见广东省地方史志办公室辑《广东历代方志集成·肇庆府部（二十八）》，岭南美术出版社2009年版，第394-395页。

第三章　从水上到陆地：阳江渔村聚落形态及生活空间演变

图 3-1　阳江渔港，舟船方泊岸（1930—1939 年）
[A ferry at Yeungkong（阳江）and the boat just landed]①

（二）棚居聚落

棚居聚落，即以渔民搭建的疍棚为居住基本单位，形成的较为固定的聚落。疍棚又称"水栏"，阳江俗称"白鸽寮"（寮上住人，寮下临水），在沿江海岸的一旁，搭建竹木架构，用稻草竹子等编织篷盖覆其上。该类型聚落相对集中且固定，居住单位紧密相连并有序排列，聚落呈带状分布，地理位置依附性较强，一般出现在沿海港口或人流量较大的水上贸易区域的岸边。据史料记载，最晚到清代，两阳濒海疍民已搭建疍棚，如"东平……海埂一带有商店二百余间，蜑棚百余间，前后杂以民居"②。清人林钟英亦有诗曰："海埂一带艇棚连。"③ 这里的疍棚、艇棚实际上指的即是水栏。

---

① 见美国威斯康星大学麦迪逊分校（University of Wisconsin Madison）图书馆的数字馆藏。图片英文简介为 A ferry at Yeungkong（阳江）and the boat just landed. The women wear round top hats. The men wear pointed hats. Dozens of ferryboats lauching on a rainy summer day, at Yeungkong（阳江）。

② 〔民国〕张以诚等：《阳江志》卷六《地理志·港湾》，见广东省地方史志办公室辑《广东历代方志集成·肇庆府部（二十八）》，岭南美术出版社 2009 年版，第 397 页。

③ 〔清〕林钟英：《阳江竹枝词十首》，见陈宝德主编《阳江历代诗词选》中州古籍出版社 2016 年版，第 169 页。林钟英（1869—1935），阳江城北门街人。

当然,在一些繁华的内河交通运输枢纽,如水上贸易河段的两岸,渔民也往往搭建苫棚,便于生活与贸易。庄大中有竹枝词:"棕棚日午海人墟,半是煎盐半捕鱼。"① 描述了鼍江内以渔民为主的贸易场所。位于古代江城中心区域的西濑河堤一带,即漠阳江冲积的沙洲,民国时期,渔民就在河岸两旁搭建水栏等建筑(见图3-2)。此外,每当夕阳晚照,渔舟返航时,便渔歌四起,这里又构成了清代阳江八景之一的"西浦渔歌","西浦渔人乐有家,卖鱼沽酒唱咿哑。如今傍晚歌声歇,空听垂杨咽暮鸦。烟笼西浦夕阳边,信宿渔人唱晚多"②。可见该类型聚落除了基本的居住功能,还附带了经济、文化功能,进一步丰富了渔民聚落的内涵。

图3-2 吊脚楼和住家艇(民国时期)③

---

① 〔清〕庄大中:《海上竹枝词五首》,见陈宝德主编《阳江市历代诗词选》,中州古籍出版社2016年版,第82页。

② 〔清〕林乙莲、〔清〕冯兰阶:《西浦渔歌》,见陈宝德主编《阳江历代诗词选》,中州古籍出版社2016年版,第193页。林乙莲,清茂才,阳江城近贤里人,生卒年不详。

③ 参见美国威斯康星大学麦迪逊分校(University of Wisconsin Madison)图书馆的数字馆藏。该图出于该数字馆藏的William Hervie Dobson私人相册中有关Yeungkong(阳江)的一批照片,未标注拍摄的具体时间和具体地点,但大致推测摄于民国时期,且据图片背景分析,该拍摄地点极有可能是阳江河堤一带。

第三章　从水上到陆地：阳江渔村聚落形态及生活空间演变

总之，早期阳江渔民的舟居和棚居方式分别形成相应的聚居模式，这主要取决于地理位置以及渔民的生活生产需求。而由这两种聚落模式构成的水上渔村，往往集生产与生活于一体。如清代《鼍江竹枝词》有言："环山傍海结村间，不种桑麻只种蔬。健妇老夫甘力作，郊居耕牧水居渔。潮头初上齐施箔，潮退群将罟网翻。日日候潮频打桨，渔人何处不成村。"① 其中的"傍海结村间""渔人成村"讲的就是渔民傍海聚居成村，并集体捕鱼。

在这一时期，水上渔村尚未完全脱离聚落状态，多以住宅建筑物为村落物质实体的代表，其中棚居呈现出渔村的雏形，其非物质方面主要体现在渔歌上，严密的社会关系网尚未形成，故明清政府以船甲制来对渔民进行户籍管理。

二、陆地渔村：以对岸村为例

水上居住存在较大的风险，水上渔民因此受灾而死伤惨重的记载不绝于史。清末有"光绪十二年十一月初四夜闸坡大火，自亥刻起翌晨始息，焚商店及蜑棚数百间，死数百人"② 的记载。有记载的台风灾害如1925年10月8日强台风袭击闸坡、沙扒两地，渔船沉没30余艘，渔民死亡400多人③；又如1926年9月27日，阳江县遇飓风，致渔船沉没30艘④。棚居聚落和舟居聚落在飓风猛火面前不堪一击，这也促使渔民寻求更安全稳固的居住场所。

其实，清代或许已有部分渔民上岸建房居住。清雍正年间颁布《恩恤广东疍户令》，从制度层面准许疍民上岸居住。（乾隆）《阳春县志》载："上谕：凡无力蛋民听其在船自便，不必强令登岸，如有

---

① 〔清〕李春元：《鼍江竹枝词（选五十首）》，见陈宝德主编《阳江历代诗词选》，中州古籍出版社2016年版，第120页。李春元（1818—1878），阳江裹田寮人。
② 〔民国〕张以诚等：《阳江志》卷三十七《杂志上》，见广东省地方史志办公室辑《广东历代方志集成·肇庆府部（二十八）》，岭南美术出版社2009年版，第1774页。
③ 参见阳江市地方志编纂委员会《阳江县志（上下）》，广东人民出版社2000年版，第797页。
④ 参见《香港电》，载《申报》1926年10月2日第5版。

力能建造房屋及搭棚栖身者，准其于近水村庄居住。"① 到了民国年间，阳江沿海地区还出现"蜑户六澳俱有，闸坡澳尤繁，近多拥厚资，购房屋，与良家子女联婚，间有读书者"②的情形。

无独有偶，阳江地方史志文献中有不少以"蜑"命名的村落，如雁都一图（今埠场一带）的"蜑家"③、园头渡（今在平冈旦祥村内）的"蜑场"④、"蜑家旱"⑤，其中蜑场村在各版《阳江志》中〔康熙范志（康熙《阳江县志》，范士瑾）、道光李志（道光《阳江县志》，李濡）、民国张志（《阳江志》，张以诚）〕都有记载，而且民国时它是瓦窑头渡与园头渡的必经之路。据村名及其沿江海的地理特征来推测，这极有可能是蜑民的聚集之处。

渔村的形成与发展是一个连续的过程，渔民只有具备了上岸建房的条件，才能由个体的房屋逐渐地形成陆地上的聚落。历史时期可以上岸购地建房的渔民毕竟不多，因此，中华人民共和国成立前，陆地上的传统渔村数量极少。中华人民共和国成立之后，在政府的推动之下，规模化的陆地渔村才开始大量形成。下文我们将以阳江最大的陆地渔村——江城区对岸村为例，对这一时期的规模化渔村进行介绍。

对岸村是阳江地区形成较早的陆地渔村，民国时期，渔民沿漠阳江入海处北津港居住，全村有约七八千人，男子几乎全数以捕鱼为生，妇女则多半从事小规模的农业。⑥该村村民的传统生计为以渔业

---

① 〔清〕姜山：(乾隆)《阳春县志》卷终《蜑户》，见广东省地方史志办公室辑《广东历代方志集成·肇庆府部（二十四）》，岭南美术出版社2009年版，第255页。另见《阳江志》相关记载。
② 〔民国〕张以诚等：《阳江志》卷七《地理志七》，见广东省地方史志办公室辑《广东历代方志集成·肇庆府部（二十八）》，岭南美术出版社2009年版，第445页。
③ 参见〔清〕李濡（道光）《阳江县志》卷一《地理志·坊都》，见广东省地方史志办公室辑《广东历代方志集成·肇庆府部（二十八）》，岭南美术出版社2009年版，第36页。
④ 参见〔清〕李濡（道光）《阳江县志》卷一《地理志·坊都》，见广东省地方史志办公室辑《广东历代方志集成·肇庆府部（二十八）》，岭南美术出版社2009年版，第37页。
⑤ 参见（民国）张以诚等《阳江志》卷二《地理志·坊都》，见广东省地方史志办公室辑《广东历代方志集成·肇庆府部（二十八）》，岭南美术出版社2009年版，第134页。
⑥ 参见徐永桓《广东阳江县对岸村的渔民生活》，见中国农村经济研究会编《农村通讯》，中华书局1935年版，第127-128页。

第三章 从水上到陆地：阳江渔村聚落形态及生活空间演变

为主、农业为辅的渔农结合模式，男女分工明确。渔业的作业方式主要有大围罟、索罟、押虾、帘仔、网白鲳、拖网、笼螺和长笼等。此外，还有抛围网、拉网（俗称"拉刮仔"）、闸泊、甑虾和养蚝等小海作业，兴旺时期全村有大围罟十几宗、索罟近百对和押虾船100多艘，大小渔船共500多艘。

民国时期，对岸村全村男子几乎都在几个有钱有船的"罟头"的支配之下开展捕鱼活动，这些依附"罟头"而劳动的渔民被叫作"罟仔"。旧时全村有八九个"罟头"，每个"罟头"拥有少则三四十、多至七八十艘宽约三尺（一尺≈33.33厘米）、长六七尺的小渔艇，每艘价值40圆［民国1911—1919年，米价恒定为每旧石（178斤）6银圆，折合1银圆可以买30斤大米］以上。"罟头"将这些小渔艇租给"罟仔"，自己则使用比小渔艇大三四倍的渔艇。每个"罟头"平均拥有三艘大渔艇。传统上，这里的渔民捕鱼必须集体行动，"罟仔"即使有一两艘渔艇也不能独自出海捕鱼。"罟头"有了渔艇，便以招股的办法招集"罟仔"，以一艇为一股，"罟仔"将一艇价格缴付"罟头"之后便可以拥有该艇。但是"罟仔"多为穷人，极少有人能够一下子拿出四十多圆来。因此，最通行的办法实际上是租艇，即"罟仔"与"罟头"约定每日以若干斤鱼为船艇租，而渔艇的所有权仍属于"罟头"，有时捕鱼太少不足以缴付艇租，便须次日补缴，次日不足则第三日再补缴。当然，鱼少到不够缴租是不常有的事。

过去罟队捕鱼一般在夜里二时左右开始劳作，代表"罟头"集合号令的海螺壳号声吹响，"罟仔"们便起床开始忙碌地预备餐食。到了凌晨三点多钟，第二次号声响过，几百个壮丁和童子一手提着灯笼，一手提着餐食，一队队地走出家门，在黑暗中移动到大海边集合。大家跟着"罟头"租领渔艇，并随着他们的"罟头"渔艇向海面出发。"罟仔"的渔艇每艇三人，通常是由两个壮丁、一个童子组成，壮丁棹艇，童子坐在中央用力击板作声。行至海面，"罟仔"渔艇便排列成圆形的环阵，将"罟头"渔艇围在中央。"罟头"渔艇共有三艘，一艘专用于捕鱼，左右两艘专为牵网。环阵"罟仔"渔艇慢慢前进，渐行渐缩小圆圈范围，击板的声浪将海中的鱼驱近"罟头"

渔艇。待呈环阵排列的"罟仔"渔艇将圆圈缩小到相当程度，左右两艘牵网的"罟头"艇便把网放入海中，另一艘"罟头"捕鱼艇则轻轻收网取鱼，如此反复。若是遇到"好海水"（适于捕鱼的天气），便可满载而归。

罟队出海捕鱼一般在夜间三点多钟出发，至日间下午两点多钟回村，捕到的鱼全部堆放在"罟头"的三艘渔艇中，除非获鱼实在太多，才会放一些在"罟仔"的渔艇中。回村后，"罟头"将捕得的鱼卖给鱼贩，再将卖得的钱按股分派给各个"罟仔"。"罟头"经理所有手续，因而很容易获得分外的利益。捕鱼收入极不稳定，"罟仔"一般每次下海可得一圆有余（童子一半），偶尔也可以多至十圆，但有时会少到只能分得三四角，甚至一无所获，白费劳力。渔民捕得的鱼一般都会被运到县城及附近各地贩卖，对岸村靠城很近，赶上市的鱼多半在筐里还很活跃，如获鱼太多便腌为咸鱼，也有销路。① 图3-3为回到码头的渔船。

图3-3 对岸码头渔船归来（翻拍自洪积祥主编《洪氏族谱》）

---

① 参见徐永桓《广东阳江县对岸村的渔民生活》，见中国农村经济研究会编《农村通讯》，中华书局1935年版，第127-128页。

第三章 从水上到陆地:阳江渔村聚落形态及生活空间演变

自 20 世纪 50 年代开始,对岸村出现机帆船,现在已经全部是机船了。机船的功率最大的有 900 匹马力(1 马力≈735 瓦特),最小的也有 12 匹马力,海上作业全部实现了机械化。对岸村的渔民出海打渔,归来必到独石洲(见图 3-4)的红石砂等处晒网和休息。每逢春、夏、秋三季,妇女们也会成群结队跟随出海的渔船到独石洲割草、打柴,有时候还捉虾蟹,晚上又随渔船归来。独石洲的红石砂等处建立了养蚝场,常年有几十人的专业队伍住在那里养蚝和打蚝。20 世纪 60 年代之后,独石洲成为一个分界标志,以小河为界,分为南北两部分,分别归对岸村和津浦村使用。

图 3-4 独石洲(翻拍自洪积祥主编《洪氏族谱》)

与水上渔村不同,对岸村形成了"罟头"与"罟仔"的雇佣/协作经济模式和渔业生产结构。这一生产结构一方面提高了渔民整体的生产能力,另一方面,分配制度的差异促使不同渔民之间的贫富差距显现,这种差距又塑造了村落内部的人群阶序,反过来影响着社会资源的分配。同时,集体捕鱼与物品的交换使对岸村内渔民之间甚至与周边地方人群的联系多了起来,建立起区域性的社会关系网络。而在渔民的聚落生活中，除了有独石洲这样供人们劳作后聚集晒网和休息的公共空间，还有定期演剧看戏等日常娱乐方式。可见，对岸村的内部社会形态相当丰富，是一个相对完整独立的经济生产、生活和文化单位。

三、 沿海渔村生活空间的生成脉络

从上文的梳理来看，在阳江沿海地区，滨海人群水上聚落与陆上聚落并存的现象古来有之，这似乎使得本章的标题"从水上到陆地"看起来带有一种简化历史的"线性思维"嫌疑。然而，行走在今天的阳江沿海渔村可以发现，渔民上岸定居的历史依旧是人们鲜活的生活记忆，甚至还是许多老渔民最深刻的人生经验。也就是说，我们今天所见到的沿海渔村，的确经历了一个从水上到陆地的村落生活转变过程。从流动分散的水上渔村到稳定且边界清晰的陆地渔村的转变，不仅是一个人群居住形态的变迁，还意味着渔民生活环境及生计方式更为深刻的转变。

相较于海洋，陆地拥有更强的生态环境塑造能力，高山可以阻挡海面上猛烈的飓风，形成安全的港湾；海陆交接地带淤积的土壤可以创造更适合人类生存的富饶多样的生物世界。因此，陆地渔村不仅在居住环境的安全保障上得到大大的提高，陆地生物资源也为人们提供了更多样且稳定的衣食之源，有效地弥补了渔业生产收入不稳定的缺陷。同时，陆地渔村渔农并存的经济结构在很大程度上改变了渔民社会的内部关系。首先，是生产劳作上的性别分野：出海捕捞多由男性承担，女性则以从事农业生产、赶小海以及家务劳动为主，这势必引发生活诸多层面的结构性变迁。① 其次，以出海捕捞为主业的男性渔民之间也因财富创造能力和占有程度的不同，出现了人群阶序。这种阶序不仅体现在劳作过程中的角色分工上，也体现在对劳动成果的分

---

① 一些沿海渔民社会甚至出现女性完全退出远海捕捞作业的情况，如福建莆田湄洲岛即有女性不得上渔船的禁忌。

第三章 从水上到陆地：阳江渔村聚落形态及生活空间演变

配上。此外，由于渔业生产能力的提高以及陆上生活的需要，渔民聚落之间的联系——尤其是经济上的联系和互动变得愈发密切，结构性的区域社会和经济关系网络得以形成。

当然，渔民上岸定居最显而易见的变化体现在居住建筑上。居住形态的变迁，实质上指向的是渔民活动空间的结构性转变。水上渔村尤其是住家船在空间功能上集生活与生产于一体；渔民上岸定居后，则船屋分离，渔船成为专门性的生产工具和生产空间，主要的生活空间则转向房屋。生活空间从生产空间中分离出来并转向陆地，便拥有了在内涵和外延上进一步扩展的诸多可能性。随着生计方式的转变，人们的日常生活图景也不复从前。当人们——尤其是女性、儿童、老人等无法或较少参与出海捕捞作业的人群——将大量的生活时间消磨在以固定的房屋为基本单位所织构的陆地空间之内时，一些供家户之间交往互动的功能性公共空间便应运而生。公共空间的产生，首先来自群体生活的需要，但其也对人们参与村落公共活动形成某种推力。于是，那些约定俗成的公共空间诞生之后，便被用作村落对内外部生产、生活事务的协调和决策以及人们劳作之余娱乐休闲、举办信仰仪式等集体活动的场所，而村落共同体的内聚力也在日复一日的公共生活中被强化。

当然，对于渔村生活空间的生成，我们不能忽略国家力量的影响。包括蛋民在内的水上人群一直被明清王朝国家视为"化外之民"，当他们进入陆上社会，则被看作会对社会治安形成安全隐患的不稳定因素。相应地，水上生计也被主流视为"末业"。为加强沿海地方的社会管理，国家往往倾向于采取种种措施，将水上人群"固定化"。例如，清代地方志中有载："今（蛋）颇与村氓杂处佃作，是可以中国之治治也"[1]；"与齐民一同编列甲户，以便稽查。势豪土棍不得借端欺凌驱逐，并令有司劝谕蛋户，开垦荒地，播种力田"[2]。可见，在

---

[1] 〔清〕康善述：(康熙)《阳春县志》卷之十八《蛋附》，见广东省地方史志办公室辑《广东历代方志集成·肇庆府部（二十三）》，岭南美术出版社2009年版，第527页。
[2] 〔清〕姜山：(乾隆)《阳春县志》卷终《猺蛋志》，见广东省地方史志办公室辑《广东历代方志集成·肇庆府部（二十四）》，岭南美术出版社2009年版，第255页。

地方官府立场上来看，上岸的渔民居有定所，如能从事农耕，依附于土地，对于国家施行地方管控大有裨益。这种"编户齐民"保甲制户籍管理理念①在国家制度的推动之下得以沿袭，陆地渔村半渔半农的经济生产方式也便应运而生了。

  总而言之，海洋人群从水上的舟居、棚居到陆地房居，不仅呈现了渔民居住形态的变化，同时也折射出渔民生活环境和生计方式变迁的轨迹。水上渔业聚落规模小、分布较零散，强调以单个家庭或临时自发组合的多个家庭为生活和生产单位，此类渔业聚落体现出一种"散村"的特征。陆地渔村则往往以一定规模的房屋集中在一起，不同的家户之间呈现出一种制度化的集体生产及分配模式，并由此生成结构化的人群关系，村落的区域角色也逐渐稳定化。生计与生活方式的转变，使得渔民的生产和生活空间相分离，生活空间则因日常生活节奏和轨迹的变迁而出现了家庭居住空间之外的村落公共空间。固定公共空间的诞生反过来推进了村落集体生活的多样化与多层次化，村落共同体意识也被逐渐塑造出来。由水上聚群而居到上岸聚群成村的过程，体现了由流动走向定居、由分散走向聚集，以及村落生活空间生成的大体脉络。

---

① 参见闫富东《清初广东渔政述评》，载《中国农史》1998年第1期，第99—103页。

第四章
从流动到定居：阳江滨海渔村生活的历史变迁

阳江自古以来便是连接珠江三角洲与粤西地区的交通要道和经济走廊。在宋以前，阳江的重要性主要体现于其在"海上丝绸之路"上充当了"转运港和补给站"的角色；自宋以后，随着海洋资源的持续开发，尤其是阳江沿海、漠阳江入海口等区域大规模的围垦海滩，海岸线逐步南移，滨海社会渐次成型。阳江地区的社会经济自此开始长足发展，而滨海渔村亦经历了复杂的社会变革，并在地方历史上占据了重要一席。

一、宋元时期阳江滨海开发之沿革

宋元时期，阳江属于南恩州，其地处珠江三角洲西部的山海之间，设有阳江、阳春二县。其中，阳江县除了县治所在，外有海口、海陵、博腊、遂训四寨①，为滨海戍守处所，海陵寨即在现今海陵岛上。据《元丰九域志》记载，阳江县有六乡，而当时政区乃是元丰八年（1085）之制。② 说明最迟在元丰八年，阳江曾有六乡四寨的建置，至于其具体位置与人口多少，因资料匮乏，大多已不可考。

虽然六乡四寨的地理位置不能与现在的地理位置一一对应，但这滨海四寨的存在，说明至少在当时统治者的眼中，阳江沿海一带仍然

---

① 参见〔元〕脱脱《宋史》卷九十《地理志六》，中华书局1977年版，第2238页。
② 参见徐东升《〈元丰九域志〉户口、铸钱监和盐产地年代考》，载《厦门大学学报（哲学社会科学版）》2007年第5期，第108—114页。

是其战略要地。据《舆地纪胜》载,南恩州的风俗形胜如下:

> 今阳江盖并唐之三县,而阳春乃昔春、勤二州之地焉。东南水凑大海,才百余里,环山绕林,襟岩带洞,与夷獠杂居。其地下湿,宜稻。……郡兼山海之利,富于渔盐。土地多风少旱,耕种多在洞中。
>
> 当五州之要路。《投荒录》云,当海南五郡泛海路。又云,当五州之要路,颇有贾人循海而至。吴越所产不乏于斯。《寰宇记》云,恩平既当五出之要路,由是颇有广陵、会稽贾人船循海东南而至,故吴越所产之物不乏于斯。①

这两则材料说明两个问题:其一,就阳江本身的发展来说,其沿海一带"兼山海之利,富于渔盐",是当地经济发展的重要动力;其二,就地理位置来说,阳江是"五州之要路",是宋代商人从江南至广东西部、海南的重要中转站与交易中心。由是,于阳江滨海一带建立四寨,不仅可以维持当地的经济发展秩序,而且可以保证宋代海上商道与海上贸易的畅通,促进阳江滨海商业的发展。以至于到了清初,时人回忆起阳江滨海的商业贸易,仍印象深刻:

> 故居民多贩卖为活,在昔富商巨贾,常缚藤步船泛海,直抵琼、崖、文昌、会同等处,采买槟榔子,旬日往返,息辄数倍南番新顺之人,辐辏营生,如北津、双鱼、儒洞等处港口,船只往来,络绎不绝,居民食其余利。②

---

① 〔宋〕王象之:《舆地纪胜》卷九十八《广南东路·南恩州·风俗形胜》,中华书局1992年版,第3061-3062页。

② 〔清〕周玉衡修:(康熙)《阳江县志》卷一《风俗》,广东省地方史志办公室辑《广东历代方志集成·肇庆府部(二十七)》,岭南美术出版社2009年版,第32页。

第四章 从流动到定居：阳江滨海渔村生活的历史变迁

今阳江儒洞陈姓宗族族谱记载，其祖先于元末自福建迁来①，这亦可作为宋元时期阳江滨海商贸发达、人员流动频繁的旁证。

除了商业贸易的发展，阳江渔盐之利亦是吸引外来人口开发阳江滨海一带的重要因素。据《建炎以来系年要录》记载：

> 绍兴元年（1131）初榷，南恩州阳江县田有潮水，所浸田一顷二十四亩，提举盐茶司募民垦之，置灶六十有七，岁产盐七十万八千四百斤，净收息钱万九千余缗，遂命官领其事。后二年有增万二千缗。②

此处南恩州的盐田，主要位于阳江海陵潮林乡地名神前等处（今海陵岛闸坡镇平章村一带）③。到绍兴三年（1133），阳江一地的盐利已达三万余缗，盐税在当时也已成为宋王朝的重要财政来源。而此处的六十七灶（一灶一至十人不等），也吸纳了不少人聚集在沿海之地。假以时日，或亦会发展成滨海大型聚落。

至于滨海渔之利，从沿海疍民的生计中亦能看到端倪。在（康熙）《阳春县志》中，我们可以看到一群"以舟楫为宅，编篷濑水而居"的人，他们的来源不可考，"以鱼钓编竹为业，以舟为宅，语音与土人微异，其姓麦、濮、何、苏、吴、顾。土人不与结婚"。他们在滨海之区居住良久，是滨海地区最为常见的一群人，生活亦极为简单，据载：

> 古以南蛮为蛇种，观其蛋家神宫，蛇像可见，世世以舟为居，无土著，不事耕织，为捕鱼装载，以供食，不通土人婚姻，

---

① 参见阳江儒洞陈氏族谱编委会编《阳江儒洞陈氏族谱》（2004年），阳江图书馆藏，第7页。
② 〔宋〕李心传：《建炎以来系年要录》卷四十三，胡坤点校，见《文澜阁·钦定四库全书·史部》（320—323），上海古籍出版社1992年版，第598页。
③ 〔清〕徐松：《宋会要辑稿·食货·盐法》，中华书局出版社1957年版，第5234页。

岭南河海，在在有之。①

他们不事耕种，不懂纺织，只用河海渔之利来生活生产。这群人在宋代即已生活在岭南河海之中，是宋元以来滨海渔村得以发展的最重要的生力军。

综上所述，宋元时期，阳江滨海渔村因渔盐之利，吸引了大批人员过来开垦定居，而自江南至海南的海上贸易的兴起与持续，阳江作为海上贸易交通要道，具有重要的战略地位。所以，宋王朝于滨海地区设置四寨，以利管理与护卫；同时，自绍兴年间开始，将盐场收为官管，以掌其利。可以说，宋元时期是阳江滨海之地在王朝体系下得以发展的重要时期。

二、明清至民国阳江滨海渔村的生活

（一）明清到民国的阳江滨海渔业管理政策

明代，征南将军廖永忠接收阳江版籍之后，于洪武三年（1370）在阳江建立阳江千户所，阳江县城自此被纳入明王朝的管理体系之中；并设河泊所，岁征渔课米七百九十八石六斗（1斗=6.25千克）六升，以造册税收对沿河沿海疍民进行编户管理。

清初，经过康熙初年迁海复界，逐步裁撤河泊所；但清王朝对疍民的管控并没有放松，反而因为打击海盗、走私以及明王朝的反叛势力，对滨海疍民采取了一系列的管理措施。其一，是允许疍民上岸居住，让他们再次进入陆地编户齐民的户籍管理体系中。但沿海疍民上岸居住，并不是一件轻而易举的事情。《清实录广东史料》雍正七年（1729）五月的上谕中有这样的记载：

---

① 〔清〕康善述：（康熙）《阳春县志》卷之十八《蛋附》，广东省地方史志办公室辑《广东历代方志集成·肇庆府部（二十三）》，岭南美术出版社2009年版，第527页。

第四章 从流动到定居：阳江滨海渔村生活的历史变迁

>闻粤东地方，四民之外，另有一种，名为蛋户，即瑶蛮之类，以船为家，以捕鱼为业，通省河路俱有蛋船，生齿繁多不可数计。粤民视蛋户为卑贱之流，不容登岸居住，蛋户亦不敢与平民抗衡，畏威隐忍，踡跼舟中，终身不获安居之乐，深可悯恻。蛋户本属良民，无可轻贱摈弃之处，且彼输纳渔课与齐民一体，安得因地方积习强为区别，而使之飘荡靡宁乎！①

这份上谕是发给两广总督、广东巡抚看的，在王朝统治者看来，蛋民因为缴纳渔课，是王朝体质内的编户齐民，理应一视同仁，不得歧视。同时，这份上谕还"着该督、抚等转饬有司通行晓谕"：

>凡无力之蛋户，听其在船自便，不必强令登岸，如有力能建造房屋及搭棚栖身者，准其在于近水村庄居住，与齐民一同编列甲户以便稽查。势豪土棍不得借端欺凌驱逐，并令有司劝谕蛋户，开垦荒地，播种力田，共为务本之人，以副朕一视同仁至意。②

显然，此举意在改善蛋民的生存环境，在政令上保证蛋民上岸居住、开垦荒地的权利。但阳江沿海一带沙田甚少，因而只有极少部分蛋民上岸居住，而更多的蛋民仍以船为居，以捕捞为业。至于这部分蛋民，清政府并没有让他们肆意在沿海内河移动居住，而是在乾隆三十七年（1772），采取了第二种措施，由吏部上奏朝廷：

>海滨地方，城乡口岸，渔船会聚之所，均仿照保甲编立字号，于渔船出入，严加查察。道员按季亲巡，督率府厅逐一稽

---

① 广东省地方史志编委会办公室、广州市地方志编委会办公室编：《清实录广东史料（1）》，广东省地图出版社1995年版，第314页。
② 广东省地方史志编委会办公室、广州市地方志编委会办公室编：《清实录广东史料（1）》，广东省地图出版社1995年版，第314页。

查，据实揭报。①

亦即是说，按照陆地编户齐民的办法，将沿河沿海的渔船编号，逐步加强对滨海渔村渔船的管控。

除此之外，自顺治年间起，清王朝对疍民出海亦有严格规定，对于单桅的小船，"准民人领给执照，于沿海近处捕鱼取薪，营汛官兵不许扰累"②。即只有清政府给了执照，民间的船才能顺利出海捕鱼取薪。到康熙四十二年（1703），吏部、兵部对渔业执照和疍民申请渔业执照的流程又作了详细规定："未造船时，先行具呈州县，该州县询供确实，取具澳甲、户族、里长、邻佑当堂画押保结，方许成造。造完，报县验明印烙字号姓名，然后给照。其照内仍将船户、舵水、年貌、籍贯开列，以便汛口地方官弁查验。"与此同时，商船还需要办理专门的商船执照。③

在这三重管理体制下，阳江滨海疍民的人身、生计被逐步掌握在清政府的控制之下。在封建王朝贸易体系中，阳江因为地处海洋贸易东西海岸的中转站，又兼出产渔业，遂在海洋贸易体系中逐步发展起来。最终，到民国年间，阳江发展出六大渔港。

（二）民国时期阳江渔村的社会组织

经历了明清时期的发展，到了民国时期，阳江滨海渔村发展出闸坡、东平、溪头、沙扒、神前、大澳六个大渔港。其中，产鱼最多的

---

① 〔清〕昆冈、〔清〕刘启端等：《钦定大清会典事例》卷一百二十《吏部·处分例·海防》，见《续修四库全书》编纂委员会编《续修四库全书》（史部·政书类）（第800册），上海古籍出版社2002年版，第131页。

② 〔清〕昆冈、〔清〕刘启端等：《钦定大清会典事例》卷一百二十《吏部·处分例·海防》，见《续修四库全书》编纂委员会编《续修四库全书》（史部·政书类）（第800册），上海古籍出版社2002年版，第131页。

③ 参见〔清〕昆冈、〔清〕刘启端等《钦定大清会典事例》卷一百二十《吏部·处分例·海防》，卷六百二十九《兵部·绿营处分例·海禁》，见《续修四库全书》编纂委员会编《续修四库全书》（史部·政书类）（第800册），上海古籍出版社2002年版，第125页、753页。

第四章 从流动到定居：阳江滨海渔村生活的历史变迁

是闸坡港，其次是东平港。① 这些渔港的海鲜产品经过腌制做成咸鱼后，被运往江门、广州等地销售。

这些海产品的生产主要由渔港的渔户把持，渔户主要分为大船主、小船主和渔工。大船主是指拥有多艘渔船或者大船的富裕疍民或者岸上人；小船主指的是拥有自己的小船，能进行独立捕捞的疍民；而渔工则是疍民中的无产者，只能依靠大船主或者小船主进行渔业生产，利用劳力来进行生产生活的渔民。闸坡和沙扒两大渔港主要从事远海作业，需要用到大船以及远航技术，所以，这两大渔港的渔业生产组织主体以大船主和渔工为主。大船主住在镇上或者县城，船工则以船为家，在船上劳作。而东平渔港主要从事近海作业，以小船主集体作业为主。这种集体作业的方式后来被称为"围罟"。② 围罟一般以50～80艘船为单位，每船至少8人，在发现鱼群后，各船散开向鱼群围拢，以专人打板赶鱼入网。围罟内一般也有分工，组织罟朋③的称为"大工"，一般以疍民中较有威信且捕鱼经验和技能丰富的渔民担任，且配有"先生"（会计兼文书）、"秤手"（买卖手）等助手。

捕鱼具有季节性，每年春汛（3—4月）、秋冬间的秋汛（8—12月）期间是东平渔港的捕鱼季节，而端午节过后到中秋节前这一段时间则不出海捕鱼，只在渔港修船补网，修理工具，以待下一次渔汛的到来。间歇性的渔业捕捞作业方式，反过来促进了渔港的兴起与发展。

大小船主捕捞回港后，所得海产品有的并不是直接投放市场，而是交由鱼头铺进行统一分销。鱼头铺，有的地方又称为"船主铺""渔户铺"，土地改革时期统一称为"渔栏主"。④ 渔栏主有的是由陆地上有实力的商人经营，有的则是经由捕捞资源富裕的疍民经营。以东平渔港的渔栏铺经营方式为例，渔栏主会在每年春节过后元宵节以

---

① 参见谢彦伦《抗日八年四省部分物资在阳江集散情况》，载《阳江文史》1992年第7期，第64页。
② 参见广东省民族研究所《广东疍民社会调查》，中山大学出版社2001年版，第21页。
③ 所谓罟朋，就是"或十余艇，或八九艇联合一罟，同罟铺鱼，称为罟朋"。
④ 参见郑信桓《东平的渔栏主》，载《阳江文史》1993年第9期，第99–104页。

前提前放贷给各大小渔船,与他们达成口头契约。渔船大工先从渔栏领取渔业生产的必要生产工具和船只,以及渔工生活必需品如油、米、糖、酒、洋布、药品等;待渔船返程后,再将所得海产品按口头契约卖给提前放贷的渔栏铺。而渔栏铺则趁机以低价收购渔船所得、抬高放贷利息和相关工具、物品的价格赚取差价。渔栏铺是滨海渔业发展到后期形成的一种具有垄断市场行为的行业。一方面,它保证了渔港商业的正常运转,是海港市镇兴起的基础;另一方面,它也逐步拉大了陆地商人、富裕疍民与外来贫穷疍民的经济差距,在垄断市场的环境下,如遇经济不景气的年代,小船主亦会失去渔船,成为赤贫的船工。

在民国时期的滨海渔村,我们能看到一幅以大小船主、船工、渔栏铺为主要组成部分的渔业市镇图。大船主和渔栏铺的主人,有的已经无须出海,他们将主要的生产生活资料借贷给小船主、船工,由他们每年春秋两季渔汛时期出海捕鱼,再由渔栏铺加工海产品转销到江门、广州等地。而休渔期间,疍民则在船上修补渔船,补给物资,在渔港集中生活。

三、 新中国成立以来阳江滨海渔村的发展

自新中国成立之后,阳江滨海渔村迎来新的发展机遇,最明显的特征是对滩涂资源的开发与利用。滩涂资源作为滨海渔村的物理支撑点,在岭南各省区沿海县市基本都有分布。阳江的滩涂资源主要分布在北津港、丰头河湾、沙扒港附近,滩涂多以粉砂为主,肥力中等,面积有2万多亩(1亩≈666.7平方米)。到1983年,仅闸坡湾滩涂围垦就达13.5万亩。这些新围垦的滩涂,不仅可种植经济作物,还能让周边村落养殖水产、栽培水草和开辟盐田。

阳江的滨海渔村在这种自然环境大改造的背景下,除少数出海捕鱼的村落仍组织渔业管理委员会,继续以近海、远洋捕捞为主业外,其他大多数滨海渔村选择了以滩涂开发与利用为主的适合各自条件的发展方式。例如,海陵山港、洋边海、上洋湾、沙扒湾、三丫港等海

第四章 从流动到定居：阳江滨海渔村生活的历史变迁

湾，即组成了以养殖对虾、牡蛎、泥蚶、文蛤、贻贝等海产品为主的阳江北津港海水养殖区。

下面，我们将分别以渔业村、半农半渔村为例，简要梳理其在新中国成立后的发展概况。

（一）东平镇大澳渔村的发展及转变

大澳渔村是一个古老的渔港，位于阳江市阳东区东平镇东南。近年来，随着滨海旅游业的发展，大澳村凭借其丰富多彩的历史文化民俗，已经成为著名旅游景点。大澳渔村仿古街道以题有"大澳"二字的牌坊（见图4-1）为起点，以牌坊下的街道（见图4-2）为主线，建有沿着海岸线而起的两排双层民居。街道两边摆满了当地人晾晒的海货和从外地进购的营销类旅游商品。部分民居被改成了民宿，租给外地游人短暂居住。未经改造的民居布局，多以纵深为主，从中间隔断，前面面街的为厅堂，摆放电视、神龛、沙发、茶几，中间隔断多为房间，后面隔断则多是厨房。各个隔断之间同开一门以通风，与当地民俗馆展陈的疍民船的隔断布局相似。大澳村街巷民居及渔家民居见图4-3、图4-4。

图4-1 大澳村牌坊（杨海源摄）

图4-2 大澳村街道（杨海源摄）

图4-3 大澳村街巷民居（毛帅摄）

图4-4 大澳村渔家民居模型（毛帅摄）

第四章　从流动到定居：阳江滨海渔村生活的历史变迁

在大澳村仿古街道中段，有民国年间所建的大澳银库清晏楼旧址［见图4-5，上有大澳商会领袖司徒少松于民国二十四年（1935）所书"清晏"二字］与大澳商会旧址（见图4-6）。大澳银库清晏楼旧址旁边立有一块光绪八年（1882）的碑石，上有石刻碑文。因年代久远，笔者只能根据模糊的字迹猜测是关于当地官府调解经济争端的碑文。这些建筑从侧面说明了当地曾经的繁荣。

图4-5　大澳银库清晏楼旧址（毛帅摄）　　图4-6　大澳商会旧址（毛帅摄）

街道的尽头是一个露天大广场，广场面朝大海，建有大澳渔家民俗风情馆，里面陈列有东平镇当地疍民日常生活用品与船上生产日用品，还有部分海产品实物与模型展示。在这条仿古商业街道上，外来生产线产品与当地自晒海货共存，民国商会银楼与现代建筑并立，现代化生活方式与疍民生活习惯相融，传统渔业的生产生活方式也在慢慢改变。

1. 身份的转变

从1951年开始，政府先后两次在沿海渔区开展了渔业民主改革运动。第一次始于1951年的农村土地改革，大澳村在政府的领导下，通过打击和镇压渔霸、渔父、埠主、渔栏主等，取缔渔栏专买特权，建立起渔业协会、渔业工会、渔业供销社等渔民的政治和经济组织。第二次始于1953年的渔业民主改革，大澳村在中共华南分局的领导下成立了沿海边防委员会，进行系统的渔业民主改革，建立了南澳、珠海、雷东3个渔民县、53个渔民区和575个渔民乡政权以及民兵组织等渔民群众团体。渔业民主改革运动的开展，使东平普通疍民得以逐渐改变以前的身份，政治地位大大提升。

2. 居住条件的转变

在新中国成立前，渔民上岸居住的并不多，俗语说"疍家无屋贼无村"，大多数渔民都以船为屋。后来渔民逐步在大澳定居之后，开始在海边支吊脚楼式的窝棚，称为"疍家棚"，或者把废弃的烂船搁浅在沙滩上当屋，称为"船棚"。到了20世纪50年代，国家为改变疍民居无定所的现状，鼓励疍民上岸居住并出台了许多优惠政策。东平镇红星渔业大队率先上岸居住，一时间，当地渔棚、砖瓦房间陈杂。1965年至1968年间，东平人民公社分别在石仔地、龙尾坑、园山仔、山后园等处规范建设了四个渔民新村。他们采用政府补贴、渔民筹工（由集体建筑队施工、渔民参加义务劳动）的办法，建立了许多砖瓦平房。而在渔港，黄、梁、容、杨、林等十几个姓氏的人都在同期上岸，不过也有的到了70年代中期才开始上岸盖房。近几年，大澳渔村开始建设仿古街道，村中大部分人已经搬到东平镇上，只有大约100人仍守在大澳村，他们或者开旅馆、餐馆，或开小卖部营业。大澳渔港一角及大澳旧码头如图4-7、图4-8所示。

第四章 从流动到定居：阳江滨海渔村生活的历史变迁

图4-7 大澳渔港一角（广东海上丝绸之路博物馆提供）

图4-8 大澳旧码头（广东海上丝绸之路博物馆提供）

3. 生计方式的转变

现今村中出海的船与20世纪80年代相比少了很多。1980年，当地男性劳动力主要以出海打渔为生。东平镇有1200多条船，这些船需要经省政府审批才有出海的指标，船旧了之后可以维修，但如今的新船很难得到出海的指标。在东平镇9个渔业管理委员会（先锋、海胜、太阳星、永利、鹏程、红旗、东方红、红星、大澳）中，以太阳星渔业管理委员会的渔船最多。如今，渔船越来越少，大多数年轻人已经不出海了，渔民转向去外地打工或者在当地从事旅游服务业，或者以开摩托车载客谋生。在渔业发展面临困境的今天，大澳村大力发展旅游业，以促进当地经济发展，实现经济转型。

4. 村落结构的转变

新中国成立前，渔民以"围罟"的方式自由组合成组织单位。在新中国成立初期，各渔民以渔民委员会为单位，有计划地上岸建房定居。因各渔业管理委员会上岸批次的不同，各渔业管理委员会分布于东平镇各处，最终形成一个杂姓大市镇。这种分布格局与渔民早期上岸形成的村落完全不同。渔民没有明确的村落地理界线，只需要接受各自渔业管理委员会的管理，因此流动性也很大。与其说这是村落结构的转变，不如说他们仍旧沿袭了原有的地理界线不明的组织管理方式。

（二）大沟镇寿长村的现状及发展

寿长村位于阳江市阳东县大沟镇，下辖浮沙、顶头、曾屋寨、李屋寨、汶尾雷、新村共6个自然村，是一个以滩涂海水发展养殖业的村庄。据该村村支书介绍，寿长村共有村民2000多名，常住人口1700多人，860多户；村民有黄、李、梁、曾、雷五大姓，以雷姓为主。在寿长村村口，我们还可以看到民国三年（1914）创立的雷氏宗祠和供奉大王公的感应宫庙宇的建筑。

传统上，寿长村的生产活动以浅海捕捞和养殖为主；1952年，当地政府堵塞大沟河，筑起大堤围，造田1000余亩，按人均三分田的标准分配给村民耕种。自此之后，寿长村民才开始以农业为主业，但因人多田少，当地经济并不富裕。

到21世纪初，寿长村为了寻求更好的发展，开始实行经济转型，以滩涂海水发展养殖业为主，大力发展生蚝养殖基地。生蚝养殖基地主要集中在寿长河出海口咸淡水交汇河段，总面积3000余亩。因生蚝养殖基地盐分适中，微生物多，所产生蚝味道鲜美，远销珠海、深圳、广州等地。现在养蚝的人家人均年收入可达近20万元。

随着生蚝养殖业的扩大和发展，寿长村与台山、北斗等地建立了购买蚝苗的长期合作关系，寿长村也因此拥有了给当地村民和外地人提供生蚝养殖就业机会的能力；当地一般每年8月份分蚝、10月份收蚝，每到这个时候，需要请帮工才能完成工作。

寿长村的发展与东平镇的大澳渔村不同，早在新中国成立前，寿长村就已经有人在滩涂种植水稻和花生，并开始逐渐上岸定居。也就是说，寿长村在新中国成立后即逐步放弃了近海捕捞作业，在政府的帮助下堵河围堤造田，形成聚居农业村落。但是，他们一直没有放弃渔业捕捞和航行技术，因此到了2000年年初产业转型的时候，能够快速利用滩涂发展海水养殖业，并形成规模化生产；并且在2014年成立了寿长蚝养殖协会和捕捞协会，带动全村生蚝养殖技术和经济发展，走出了一条不同的发展道路。

从以上对阳江滨海渔村、渔业发展过程的简要梳理中，我们可以看到，自宋代以来，阳江滨海因渔村渔盐之利，吸引了大批人员前来开垦定居，王朝政府于滨海地区设置四寨加以管理与护卫，为滨海渔村后续的发展奠定了基础。明清到民国时期，随着政府对疍民、滨海之地管控的加强，滨海渔村取得了长足的发展，在民国时期形成了六大港口，为渔民的生产与交易提供了便利条件。新中国成立之后，随着滩涂资源的开发与利用，以水上作业为主的渔民形成了以渔业管理委员会为中心的市镇，现在正面临经济转型期带来的机遇和挑战；而半农半渔的滨海村落则积极利用、大力发展滩涂养殖业，走上了经济发展的另一条新路。

第五章
从分散到集约：阳江渔村渔业发展模式的继替转型

中华人民共和国成立后，尤其是20世纪70年代以来，在政府的各项管理措施之下，阳江沿海地区的浅海和荒地得到充分开发，渔村的经济结构和生产方式都发生了较大的变迁。随着阳江地区海洋资源的有效开发以及地方经济建设项目的持续推进，渔业拥有了面向更大市场的能力。新技术的支持，使得地方资源的全面整合成为可能。阳江沿海渔村的渔业发展由传统的分散型逐步向集约型转变，尤其是合作社模式的建立，直接推动了大型综合渔业生产活动的开展，也在很大程度上改变了渔村的面貌及社会关系。

一、沿海渔村经济生产方式转型概貌

传统自然经济一般以家户为单位开展生产劳动，即便是大型的海洋捕捞作业，也是以渔民自发的临时性集体协作为主要形式，而非正式的合作组织。尤其在一些渔农业结合型的渔村，这种分散性劳动模式愈发明显。例如，阳东区津浦村的村民干完农活后，会抽空到海边做一些打蚝、"扒白"①、捉蟹、下鲦（当地的一种捕鱼方式）、闸泊、装网等渔活。还有一些渔村如阳西县边海村的渔民每天凌晨三四点出小海捕捞鱼苗，上午九十点便可完成工作回到村里，白天剩余的时间便忙于自家田地里的农活。

从20世纪70年代开始，在政府相关政策主导下，阳江沿海渔村

---

① 阳江当地称下海挖白贝、花甲、文蛤等劳动为"扒白"。

第五章 从分散到集约：阳江渔村渔业发展模式的继替转型

出现了多种不同形式的渔业发展模式。

第一类渔村原来的经营模式属于半渔农经济模式，后来，在当地政府的土地资源开发举措下，村里的土地被外包出去以发展规模化的养殖业，村民则由传统渔农生计转向其他行业。在阳东区东平镇海萌村，改革开放前，村民通常的生产劳作是出近海"扒白"，同时也搭建蚝排养蚝，家里的田地以种水稻为主，属于典型的半渔农经济模式。改革开放以后，当地实行农渔业产业结构调整，村里90%的土地被出租，用以挖塘养虾，以发展海淡水养殖业。由于土地基本外包，村民无地可耕，大部分人自主择业就业，开设商铺销售海产品，还有小部分人外出打工。[①] 近年来，村民大多外出务工，只剩下村里老人留守。原来村民自营的蚝排转变为对外承包经营，承包人中还有一些是远道而来的江浙人。课题组在调研中发现，此类情况在其他渔村（例如雅韶镇的潮蒲村）中也存在。图5-1为休渔期潮蒲村附近河道停放的船只。

图5-1 休渔期潮蒲村附近河道停放的船只（何绪军摄）

---

① 参见广东省人民政府地方志办公室《全粤村情·阳江市阳东区卷（一）》，中华书局2018年版，第48页。

第二类渔村原为半渔农村，之后逐渐转向以农业为主的经济模式。此类例子如阳西县沙扒镇福坞村。20世纪70年以前，该村村民以浅海作业和小规模分散的围海养殖为主要生计，属半渔农村落。20世纪70年代，村里开始大规模围海造田，浅海作业式微，村落经济转向以农业为主，部分人口外出务工。如今，该村村民的主要经济收入来源为务工、农业生产、商业经营以及经济林种植等。[①] 浅海作业和早期的围海养殖均在近海开展，前者投入少，产出也低，生产模式更为粗放；后者虽然前期投入较大，但当管理和运作步入正轨后，收益便十分可观，且后期投入的人力和物力也会减少。长期来看，围海养殖势必会挤占个体浅海作业的生存空间，成为一段时期内渔业发展的主导。

第三类渔村原以渔业为主要经济生产方式，围海造田后转为半渔半农型经济模式。例如，阳东区东平镇北环墩村村民原来以耕海为生，围海造田后以种植水稻为主，兼种花生、番薯等。现在村内主要产业包括农业种植、浅海作业、海水养殖、海产品加工，此外，还有部分村民外出务工和经商。当地村民收入来源的比例大体为：农业种植占30%，渔业占30%，出租收入10%，外出打工和经商收入占30%。[②] 东平镇大澳村过去为纯渔业村，以海上捕捞为主。新中国成立后，南鹏岛居民迁移到此，人口激增使周边山坡上的荒地得到开垦，经济结构逐渐转变为半渔半农模式。[③] 近年来，随着滨海旅游业的发展，大澳村又凭借本地丰富多样的历史文化民俗成为国家4A景区和省级古村落，旅游业得到了极大的发展。阳东区大沟镇曾屋村的村民过去以出海捕鱼为业或做鱼贩谋生，新中国成立初期，政府在寿长河、三丫河入海口处围海造田，村民开始有田地。如今，村民的主

---

① 参见广东省人民政府地方志办公室《全粤村情·阳江市阳西卷（一）》，中华书局2018年版，第13页。
② 参见广东省人民政府地方志办公室《全粤村情·阳江市阳东区卷（一）》，中华书局2018年版，第77页。
③ 参见广东省人民政府地方志办公室《全粤村情·阳江市阳东区卷（一）》，中华书局2018年版，第132页。

要收入来源为水产养殖、农业生产和外出务工的工资性收入。①

第四类渔村的经济生产方式由以渔业为主转为以农业为主。阳东区大沟镇那梨头村原来以渔业为主,在三丫联围建设后,海水被堤围阻隔,海滩、潮田逐步被改造成良田。此后该村以农业生产为主,种植水稻、花生、番薯等。②

上述四类渔村经济生产方式的转型,大体呈现出以下特征:第一,在政府的土地资源开发举措之下,渔业在村落经济结构中的比重皆有不同程度的下降,农业或成为渔村经济的主体,或成为渔村经济发展的重要组成部分;第二,以独立个体为主要经营模式的粗放型渔业经济已经出现难以适应现当代渔业的产业化发展大趋势的种种问题;第三,渔村经济生产方式的转型在很大程度上取决于所处的自然地理环境,不同的自然地理环境和资源依托引领的是不同的转型模式。

阳江渔村经济生产方式转型的这些特征和趋向,也许具有某种意义上的普遍性。例如,有研究者在对浙江渔村发展模式的研究中提到,随着渔区的发展,特别是近年来渔业生产要素集中化,以及浙江"小岛迁,大岛建"政策的施行,半渔半农型渔村正逐步向农村演化③;山东青岛附近海岛也因海洋资源逐渐减少而出现传统捕捞业难以长足发展的情况,加之海水养殖业和海产品加工业的大规模兴起,齐王岛(今山东青岛附近岛屿)上专门从事捕捞业的人数大为减少。④

除此之外,阳江沿海地区还存在因为过度捕捞,对海洋生态破坏极大等现象,致其原有生产方式被迫转型、面临着可持续发展的挑战与机遇。例如原以"地拉网"捕捞为主要生计的溪头镇蓝袍村,本书将在下篇第十一章专门介绍该村的现状。

---

① 参见广东省人民政府地方志办公室《全粤村情·阳江市阳东区卷(二)》,中华书局2018年版,第517页。
② 参见广东省人民政府地方志办公室《全粤村情·阳江市阳东区卷(二)》,中华书局2018年版,第477-478页。
③ 参见姜竹雨《乡村振兴战略背景下浙江渔村发展研究》(硕士学位论文),浙江海洋大学2019年,第11页。
④ 参见王启顺《海岛开发与渔村变迁——关于齐王岛的个案调查》(硕士学位论文),中国海洋大学2013年,第20页。

二、沿海渔村渔业生产合作社模式的建立

中华人民共和国成立之后,阳江沿海渔村纷纷走上了合作社生产之路,建设起许多大型养殖场。20世纪60年代中期,津浦村独石洲的几百公顷滩涂先后被改造成大小不等的鱼虾围和养蚝场,改造好的鱼虾围属于村里的集体财产,由专人管理。1979年年底,村里开始将鱼虾围以招投标的方式实行家庭联产承包责任制。起初由私人投资单独承包,对私人无法单独承包的面积较大的围则采取延长承包期的办法,发动几户联合投资经营,这便是合作社的经营模式雏形。在这种生产经营模式的推动下,从20世纪90年代起,在整个独石洲及其周边滩涂,鱼虾蚝蟹的大型养殖场取代了过去粗放式的海洋畜牧场。图5-2为北津港附近制备的养蚝装置。20世纪80年之后,阳江沿海渔村纷纷结合自身条件开始实行渔业合作社生产模式,其中颇有代表性的是东平镇的"渔业能人+渔业合作社+渔民"模式和儒洞镇边海村的"三驾马车"复合型合作社。图5-3为休渔期北津港外停泊的船只。

图 5-2 北津港附近制备的养蚝装置(何绪军摄)

第五章　从分散到集约：阳江渔村渔业发展模式的继替转型

图 5-3　休渔期北津港外停泊的船只（何绪军摄）

（一）东平镇："渔业能人+渔业合作社+渔民"模式

渔民合作社模式发展最富代表性的是阳东区东平镇。东平自古以来便有"南粤鱼仓"的美誉，其境内的葛洲渔港是国内十大群众性渔港之一，也是广东省重点建设的渔港。东平海域具有丰富的渔业水产资源，鱼类有 1000 多种，渔民能在海洋捕获经济价值较高和产量较大的鱼、虾、蟹、贝类近 100 种。渔业是东平镇的支柱产业，镇内渔港拥有阳江市五强水产品批发市场之一的东平水产品批发市场。

20 世纪 80 年代初，在实行家庭联产承包责任制的大潮下，东平镇将公社、大队、生产队的体制改为地区性的农村经济合作社。合作社以"渔业能人+渔民合作社+渔民"的发展模式逐渐赢得了广大渔民的信任。渔民股份合作社一般是以"能人"为中心，依据传统的血缘、亲缘、地缘而建构社会关系网。这种合作社模式的排他性比较强，非东平籍渔民则被排除在外。渔民合作社定期举办渔业生产培训会和交流会，每个渔民股东都可以在会上自由地发表意见，这些培训会与交流会为渔民搭建了一个互相了解和沟通的平台。渔民之间通过这个平台建立了新的社会关系网络，在生产过程中不仅可以相互照应，而且在遇到一些紧急问题时，还可以相互帮助。

东平镇渔民股份合作社成立以社长为首的理事会，其中，社长为最大的理事长。理事长（或称"社长"）很少参与渔民的生产合作过程，一般都是对合作社的大发展方向进行决策，承接一些大的投资项目，与外界企业、政府部门、其他协会等组织沟通交流，是合作社与外界联系的主要人物。社长之下为队长。队长也是理事会成员之一，主要是对组长进行相关培训，协调整个合作社的工作，进行总的分工安排。理事长一般通过直接联系的队长来获知内部股东在生产过程中的具体情况和问题。理事会下设监事会。监事会由组长和协调员构成，组长主要带领社员进行渔业生产作业，协调员则主要调节社员矛盾，保障社员关系和谐、共同发展。参股入社的渔民组成社员大会，每个社员都以入社资金、管理、劳务为股份获得一定的权利。理事会和监事会成员都是参股渔民，是从股东里选取的拥有较多渔业生产经验并具有一定家族权威的人物。理事则是入股最多的能人或者是企业的代表人，这类人拥有更多的社会资本、关系网络、经营管理经验，有利于合作社发展品牌效应，降低股份合作社的运行成本，在初期对合作社的发展具有重要意义。股份合作社在成立之初允许渔民以劳务、管理、资金入股，以这三种要素认领一定数额的股份，后逐步转变为只以资金入股。

（二）边海村："三驾马车"复合型模式

阳西县边海村根据自身资源特色建立起一种复合型的生产合作社，形成了种植业、养殖业、浅海捕捞业"三驾马车"齐驱并驾的经济发展模式。在种植业方面，采用"合作社+基地+农户"形式，通过土地流转发展水稻种植，开展"统一供种，统一耕作，统一销售"的"三统一"服务，与种植户实行订单种植收购，拓宽优质水稻生产和销售渠道，解决农民买卖粮食难的问题，带动周边群众实现增产增收。同时，该村还按照"村有重点，户有专业"的要求，引导农户转变单一种植观念，建立了冬种玉米、菜椒、蔬菜等面积达800亩的种

第五章　从分散到集约：阳江渔村渔业发展模式的继替转型

植业基地，大大提高了农业综合经济效益。养殖业方面则是把近海的劣质低产田改造为海淡水养殖基地，建立起总面积达 1200 亩的"综合养殖长廊"和"沿海养殖长廊"。其中，对虾养殖基地、鱼苗养殖基地和鸭蛋生产基地颇具规模。浅海捕捞业除了渔业捕捞，还包括以独特的自制工具捕捞鱼苗进行售卖（边海村的鱼苗捕捞作业方式详见本书第十一章中"儒洞"部分）。

边海村建立的这种复合型发展模式，乃是由其特殊的生存环境决定的。该村位于儒洞河出海口，既受到儒洞河的制约，又受到海洋的影响，耕地面积狭小，土壤盐分重，历史时期水旱等自然灾害频发，必须通过人为的环境改造发展复合型经济，才能够抵御自然灾害风险，更好地保障和提高渔民的生活水平。

据文献记载，1942 年，边海村遭遇严重旱情，村民向外逃荒[①]；1954 年 8 月，一场 12 级的台风卷起巨浪，冲垮 2000 多米的边海河村堤，海水袭击全村，水稻、花生、番薯的生产和种植全部受灾[②]；1955 年，遭"春头旱"，政府下拨救济款并贷款帮助边海村农民恢复生产。在合作社的带动下，全村社员修葺海堤、加固水窟、另凿新窟，同时开展副业生产，以帆船出海捕捞、养猪、养鸭等方式度过春荒[③]；1965 年，边海村遭遇海潮，南海大浪接连涌进村里，冲倒泥砖瓦房、卷走牲畜家禽，农作物和晒场稻谷也被卷入大海；从 1969 年开始，全村奋战三年完成一条长 6000 米、高 6 米多的大堤围，当年造田面积 2000 亩[④]；2000 年 5 月，边海村又遭洪水袭击，干部群众上

[①] 参见广东省人民政府地方志办公室《全粤村情·阳江市阳西县卷》，中华书局 2018 年版，第 400 页。

[②] 参见广东省人民政府地方志办公室《全粤村情·阳江市阳西县卷》，中华书局 2018 年版，第 393 页。

[③] 参见广东省人民政府地方志办公室《全粤村情·阳江市阳西县卷》，中华书局 2018 年版，第 400 页。

[④] 参见广东省人民政府地方志办公室《全粤村情·阳江市阳西县卷》，中华书局 2018 年版，第 397 页。

堤坝抢险加固，安全转移群众，并于灾后修复加固大堤。①

频发的自然灾害严重影响了村民的生计，为了更好的生活，人们开始改造边海村，"拦海筑坝""围海造田""抗击灾害"三大工程应运而生。边海村改造自然环境以防灾减灾的光荣事迹曾多次受到党中央和省市的表彰。1955 年 12 月 27 日，毛泽东主席在广州审阅主编《中国农村的社会主义高潮》一书时，对《在和自然灾害作斗争中成长起来的边海乡农业生产合作社》一文加了编者按："这一篇写得有声有色，可以一阅。这个乡的党支部是一个模范的支部，它领导群众做了许多英勇的斗争，获得了群众的拥护。"②

边海村特殊的生计与生活历史，使其获得了独具特色的旅游文化资源。目前，边海村立足该村的历史文化，开发文化旅游产业。2020 年年底，边海村在村口建立边海红色展馆，建成开放后吸引了周边大量游客和周边群众前往参观。这些新型的经济发展路径，不仅丰富了边海村渔村文化的底蕴，也在一定程度上推动了当地的经济和社会发展。

三、渔业生产合作社下的渔村与渔民

在政府围海造田等资源开发政策的推动之下，阳江沿海渔村的经济结构发生了较大的变迁。改革开放以来，阳江沿海的渔村与中国其他地方的农村一样，在现代化与经济全球化的冲击之下，村民大批外出打工，传统渔业生产和文化也迎来了关键性的转型契机。渔业生产合作社正是在此大背景之下应运而生，相对于浅海造田、荒地开发等农业化发展路径，渔业生产合作社显得更加专门化，其所表现出来的资源整合能力也愈加明显。在渔业合作社的推动之下，不仅各类资源和分散在民间的资金得到更大程度的集中，而且，由于在合作社运营

---

① 参见广东省人民政府地方志办公室《全粤村情·阳江市阳西县卷》，中华书局 2018 年版，第 393－394 页。
② 林进防、林日全：《曾受毛泽东表扬的边海乡党支部》，载《广东党史》2003 年第 5 期。

第五章　从分散到集约：阳江渔村渔业发展模式的继替转型

过程中渔民拥有自主的发言权，并公平公开地参与管理过程和利益分成，群策群力和生产的能动性得到了充分的调动，阳江沿海渔村的生产现代化进程得以加速。

就上述的东平镇合作社来看，渔民加入合作社之后成为较为正式的组织成员，在"渔业能人"的带领之下各司其职，共同促进组织的有序运转。这不仅改变了过去个体化的分散型生产形式，也使得渔民之间形成一种更紧密的利益共同体关系，增进了渔民社会内部的有机团结。同时，渔业生产合作社还拥有经济上的外联功能，与各类团体和组织关联互动，其经营不仅仅惠及合作社社员，也为渔村整体的发展创造了诸多有形或无形的财富和资源。

此外，渔业生产合作社虽是由渔民集体共同经营的集约型生产组织，但其覆盖面并非渔村全体，尤其是随着经营管理的进一步专业化，渔业生产合作社股份的申购一般都是以渔民出资多少为标准，不再允许以劳务和管理的方式入股。为了统筹管理资金，合作社还设立了专门的财务会计、专用账户，定期对财务收支情况进行公示。这就意味着缺乏资金的渔民便不能成为会员，而资金充足的渔民在股份占有上有着明显的优势。因此，渔业生产合作社的发展提高了渔民股东在渔港的社会地位，也拉大了社员与普通渔民的经济收入差距，形成了新的渔民等级，加速了渔民社会的内部分化。

除此之外，渔业合作社很大程度上改变了渔村渔民的组织生活模式，培育起一种基于传统社会关系网络和纠纷协调机制的新型基层社会保障制度。有研究表明，渔业生产合作社可以发挥集体资产的社会保障功能，可以促进渔业规模化发展、减轻现行户籍制度改革的压力，还可以弥补渔村组织化管理与经营的空白。[①] 同时，实践证明，渔业生产合作社从根本上改变了以个体捕捞为主的传统生产方式，不同程度地引入现代企业制度的管理模式，是当前促使捕捞业减量增效

---

① 参见任净、李赖志《股份合作社是渔村集体经济的有效实现形式》，载《大连民族学院学报》2010年第6期，第574-575页。

的有效方式。① 随着渔业生产合作社的发展壮大,为了在市场中获得更大的份额和竞争力,部分合作社开始成立公司,以企业的身份开展外联,内部资金则转化为部分合作社社员的股份,形成公司与合作社相对独立运作而红利共享的企业管理模式。

在阳江沿海渔村渔业生产合作社建立与运行的过程中,有一个显著的特征:由于合作社的主体为当地渔民,不同村落的地理环境、自然资源及历史条件等都得到充分考虑。其不仅建立起渔村渔业生产的新模式,也建立起渔业、农业、商业等相结合的综合性产业,一些渔村还以特色历史文化资源为基础,引入旅游观光等新兴产业元素,更大程度上体现了复合型生产方式的资源开发能力。

海洋渔村渔业发展模式的转型,与当下海洋生态环境破坏严重、海洋渔业资源的增殖与恢复能力大幅度下降、沿海地区高速城镇化以及大规模海洋开发密切相关。② 中华人民共和国成立以来,沿海土地资源开发和农业的发展强化了渔村的稳定性,半渔半农型经济结构也在很大程度上改变了渔民的生活节奏和抗风险能力弱的状况。然而,新型的集约式渔业生产和生产技术革新极大地加强了人类向海洋索取的能力,也引发了海洋资源过度开发的危机。随着海洋资源可持续开发理念的深入人心,如何在提高渔业生产能力的同时增强海洋渔业资源的增殖与恢复能力成为渔村及渔业发展的一个新命题。

---

① 参见姜启军、刘杨《合作社视角下的渔民社会保障分析》,载《上海海洋大学学报》2018 年第 6 期,第 948 - 955 页。
② 参见陈晔《我国海洋渔村的历史演进及转型与发展》,载《浙江海洋学院学报(人文社会科学版)》2016 年第 2 期,第 20 - 28 页。

下 篇

渔村演变与渔业文化

第六章
阳江沿海渔村的基本类型及其演变

本书第三章曾对阳江渔村从水上到陆地的发展脉络进行了梳理，从聚落形态与生活空间结构层面呈现了渔村演变的样貌。然而，由于学界对于渔村类型的划分标准参差不一，究竟应当如何认识渔村仍然是一个众说纷纭的议题。在实际的生活和村落管理中，人们往往更倾向于依据经济功能来划分渔村类型，例如半渔农村、纯渔业村等。近些年，有学者依据渔村的一些新变化，提出休闲渔村、旅游渔村等新型渔村类型。本课题组认为，基于渔村之间在资源基底、发展路径、文化特色等诸多方面的差异性，区别梳理不同渔村类型并对之进行分析与反思，或许能够助力各村因地制宜，走出各自不同的发展路线。本章结合对阳江沿海渔村的实地调查，以经济和现代化的标准来划分渔村类型，通过对不同类型渔村演变脉络的梳理分析，呈现阳江沿海渔村在新的时代背景之下发展转型的样貌，进而搭建起本书下篇从具体个案理解渔村历史与现状的基本框架。

一、阳江沿海渔村的基本类型

历史上的疍民以捕鱼为生，他们以舟艇散居或水上疍棚聚居，形成富有特色的水上聚落景观。这些水上聚落开始固定化、密集化和规模化，逐渐具备了一定的村落特性，近代文献中已有将之称作"渔村"者。如1934年《产业·粤省渔业概况》如是描述："居阳江、广海各地之海滨,即所谓蟹舍,是曰渔村。"① 此类渔村存在于水上,居民以渔业为生计,我们暂且将之定为水上纯渔业村。

本书前文曾述及,明清时期中国沿海常受倭寇入侵、海盗扰乱,为加强沿海地方的社会治理,官府实施海禁,将沿海岛屿居民迁到"界内",并实行"齐民编户"管理政策,但对于无力上岸定居的疍民则任其船居。部分富有的疍民在港口、海湾附近的陆地村落斥资购地建房,主动融入陆地文化圈,沿海地区的村落于是出现渔农杂居现象。又有部分疍民开辟荒芜海滩,在附近海边或沙洲搭建木棚、草屋、石屋、土房等居住,从事深海和浅海捕捞,并尝试围海造田,逐渐建立起自给自足的半渔半农村落,如海陵岛的北洛村等。还有些村落因优越的港湾地理位置,吸引了大量的外来人口,遂发展成为一个补给物资、交换货物、贩卖海鲜或海产品的渔商小集镇,如大澳渔村等。

然而,毕竟荒芜的海边土地有限,同时疍民卑微低下的社会地位一直未能得到根本性的改变,在相当长的时间里,仍有大批贫苦疍民未能上岸。直到新中国成立之后,在政府的大力扶持之下,疍民得以上岸定居,分批次移至陆上定居。1978 年,闸坡、沙扒、合山、北惯等公社完成"连家渔船"渔民陆上定居任务;1984 年 3 月,阳江全县以海洋和江河捕捞为生的连家船渔民基本实现了陆上定居,"结束了疍家人在陆上无居处,四海为家的苦难史"②。其中,溪头镇的新兴渔村是由政府单独划分给疍民村场土地、依规划建成的一个新渔民村落,为一种独特的渔村类型。

无论是从他者的立场还是从渔民本身对生活的追求来看,上岸定居都是一种生活质量的提升。然而,对于疍家人而言,除了上岸定居所需要的物质财富难以积累外,生计和生活状态的转换也并非易事。他们除了需要适应陆地上日常生活环境的种种改变,还要学习许多新的生产和生活技能。所以,即便是在政府的大力支持之下,疍民上岸

---

① 《产业·粤省渔业概况》,载《中行月刊》1934 年第 6 期,第 98 页。
② 冯光培:《阳江县水产志》(内部资料),1997 年,第 104 - 106 页。

定居依然经历了颇为漫长的过程。直到 2017 年,江城渔业港区、市区黑桥头、漠江一桥一带仍有 245 艘住家船。① 目前,随着国家"渔民安居工程"的实施与开展,这些内河的住家船、连家船的渔民最终都住入新居。

综上所述,阳江传统的沿海渔村有水上纯渔业村、半渔农村、渔商小集镇村落。改革开放以来,随着国家社会经济的飞速发展,上述各类渔村又经历了经济产业结构和文化格局的大整合,走出了各自不同的发展之路,新的渔村类型格局也由此形成。

为了全面了解和整体把握阳江渔村的现实情况,课题组选取不同类型的渔村进行了细致深入的实地调查。由于阳江沿海村落众多,本课题组成员在 2019—2021 年期间进行了三次集中的田野工作,分别为东平—大沟—雅韶—江城—埠场—平冈各镇的沿海路线、程村—织篢—溪头—上洋—沙扒—儒洞各镇的沿海路线,以及海陵岛屿沿海路线。此外,部分课题组成员曾因其他课题研究长期关注和调查过阳江相关港口村落,积累了部分基础性的田野资料;还有成员长期工作生活在雅韶—闸坡两地,利用工作及闲暇时间观察体验渔民生活,初步形成了对渔村的感性认识和内部视角,为本书整体性把握渔村的社会生活文化形态打下了良好基础。

基于上述渔村内涵与类型的划分标准,本课题对渔村现状进行调查的内容主要包括物质空间与社会关系两个层面。物质空间特征包括村落的所在区县、区位、地形地貌、规模、边界形态、建村年代、村落历史、村场建设,这些是构成渔村现代化标准的主要因素;社会关系则主要包括渔村经济来源、社会组织机构、文化民俗风情等,其中,经济来源是衡量渔村经济结构的重要指标。

本课题组在实地调查中发现,阳江传统渔村在近 50 多年的发展过程中演变出多元经济渔业社区、半渔农村、纯渔业村、旅游业渔村四个类型。本课题组所调查的渔村大体归类如下。

---

① 参见杜凯旋《阳江:圆了上岸梦的疍家人》,载《海洋与渔业》2017 年第 3 期,第 47-51 页。

(1) 多元经济渔业社区（村）。南兴（闸坡镇）、北环（闸坡镇）、新星（闸坡镇）、南华村（沙扒镇）、碗岗村（沙扒镇）、大澳村（东平镇）。

(2) 半渔农村。三丫村（东平镇）、华洞村（大沟镇）、潮蒲村（雅韶镇）、对岸村（江城区）、李屋村（埠场镇）、南村仔（埠场镇）、下斗门村（埠场镇）、田寮村（平冈镇）、蓝袍村（溪头镇）、边海村（儒洞镇）。

(3) 纯渔业村。鸡塱埘村（织箦镇）、新兴村（溪头镇）、河北村（上洋镇）、红光村（程村镇）。

(4) 旅游业渔村。南村（海陵区）、北洛村（闸坡镇）。

二、现代阳江沿海渔村之演变

在前文的渔村类型划分的基础上，本章拟从上述四类渔村中分类选取部分村落作为案例，通过对其发展演变的脉络进行梳理和呈现，以更好地探索阳江沿海渔村之演变规律。其中，关于多元经济渔业社区（村）选取的案例为南兴社区、北环社区；关于半渔农村选取的案例为华洞村；纯渔业村选取的案例为鸡塱埘村、新兴村、红光村；关于旅游业渔村选取的案例为南村。由于各渔村类型不同，其演变路径也各不相同，为保证对渔村演变脉络的整体性把握，本部分将以渔村类型演变路径为线索对渔村样貌进行呈现。此外，关于本章案例的选取需要说明的是，部分渔村如大澳村、边海村、河北村等，虽有的渔业文化保存完整且富有特色、有的区域地位重要，但本书已在其他章节有专门介绍，故不再作为本章的案例。

（一）纯渔业村转向多元经济渔业社区（村）：南兴社区与北环社区

阳江多元经济渔业城镇社区（村）主要是以渔业发展为主，进而带动农业、手工业、商业、服务业、旅游业等各副业的全方位发展，这类村落社区一般分布在港口港湾区域。新中国成立前，阳江沿海港口大多聚集着以舟居或木棚聚居的疍民，疍民上岸后，此类聚居点逐渐汇集形成。随着港口经济的发展，人口规模、生活区域不断扩大，这些渔民聚居点逐渐走向城镇化。当然也有港口疍民聚居点因地理环境变迁或社会历史因素，由繁华集镇转变成小渔村者，如大澳村。

1. 南兴社区

南兴社区位于闸坡镇西南部商业中心的繁华地段，距离镇政府14.5千米，东接东风社区，北与闸坡镇新星社区相邻，西距闸坡渔港约200米，南至牛塘山下。图6-1为靠近南兴社区一带的闸坡港口，图6-2为闸坡渔港停泊的船只。社区所在地最初在明清时期只是一个人口甚少的小渔村，到清末即已发展成为港口型商贸市镇。自1921年以来，大批居民从旧澳湾（咸船澳）迁居而来，小渔村遂成为当时闸坡渔民聚居最密集的地方。今天的海滨一路和新兴街即是新中国成立前渔民以疍棚聚居之处，庆安街和二街是民国时期以及新中国成立初期疍民岸上聚居之处。白石根渔村则是20世纪50年代建设的渔民新村。

图6-1 靠近南兴社区一带的闸坡港口（马显冰摄）

图6-2 闸坡渔港停泊的渔船（马显冰摄）

目前，南兴社区有居民约6000人，主要有陈、张、杨、郑等姓。整个社区处于商业街中心，民居新旧不一，建筑风格各异，包括长龙屋、小平房、小洋楼等。其中，长龙屋（见图6-3）是民国时期的典型民居，宽约4米，长约30～50米，共4进，每进深约10米，高约4米。长龙屋分为两层：二层为木板楼卧室，底层为公共区域如客厅、厨房、厕所等。如今，部分长龙屋经重建或翻新，具备居住和商铺两重功能。社区街道设施建设良好，有卫生站、大型农贸市场、超市、大小商铺，形成一条商业步行街（见图6-4）。社区的居住、生活、商业、手工业分区不明显，政府将之纳入城镇社区进行管理。

图 6-3 长龙屋（马显冰摄）

图 6-4 安庆街街巷（马显冰摄）

南兴社区的传统经济以渔业捕捞和海产品手工加工为主,新中国成立后仍沿袭传统的"男渔女作"生计模式:男性外出打渔,妇女则在岸上进行海产品加工。随着1984年经济体制改革,私人承包渔船逐渐增多,渔民除了在浅海开小渔船捕鱼,还外出深海为船老板捕鱼,部分居民外出到城市打工。20世纪末,渔业开始出现萎缩,部分渔民转向旅游服务业,从事贩卖"海味"、开餐饮、办民宿、开车载客等营生。

历史上渔民四海漂泊,以家庭为生活和生产的基本单位。民国初期,闸坡渔民自主发起一种社会化合作经济组织,当地称作"单老寮",即以男性渔民包船生产、贸易补偿为宗旨,以"大工"负责制、工分制分配为特征的深海渔业生产经营方式。新中国成立后,南兴社区渔民先后由公社、渔业生产大队管理,渔船归集体所有,实行按劳分配。1984年,经济体制改革后成立了渔业管理委员会,闸坡渔业管理委员会是由南兴社区渔民自主管理、自主教育、自主服务的自治组织。渔业管理委员会的实际工作更多在于生产方面,如指导渔业生产、管理船只等,与渔民生活密切相关的事务则由南兴社区居委会负责,此二者共同构成南兴社区渔民社会的基层管理组织。

南兴社区虽为杂姓聚居,但仍保留较为浓厚的传统疍民文化。社区一年中最大的集体节日活动为"行正清",即在清明节当日祭祖扫墓,同时还保留着每逢农历每月初一和十五祭祖的习俗。该区域的疍家渔民婚俗颇具特色,并入选"2007年广东省非物质文化遗产名录"。此外,南兴社区新增了集体性节日——"开渔节"(见图6-5)。此外,一些渔民的禁忌与习俗体现在日常生活用语或生活习惯等方面,例如:因"盐"与"淹"谐音而将"盐"称为"咸";船上的碗碟、杯具等都不能倒扣,因倒扣寓示着渔船在风浪中颠覆翻沉;渔民在沙滩织网时,若渔网不慎被陌生人或妇女踩踏,则需大喊念叨:"挪彩啰,大汛!大汛!大汛!"以被除灾祸("大汛"即渔汛,指捕鱼收成丰富的意思)。

图 6-5　2019 年闸坡开渔节（李剑、何绪军摄）

2. 北环社区

北环社区位于闸坡镇西南沿海，距离镇政府 15 千米，东依大粒山脚（属飞鹅岭山脉），西临闸坡渔港，南邻新星社区，北有长沙湾与瓦晒相接。该社区户籍人口 6000 余人，主要有杨、林、张等姓氏。

与南兴社区一样，北环社区在明清时期亦为一个居民甚少的小村庄，无耕地。民国 21 年（1932），大量疍民迁移到此，农渔杂居。因该村有三口井是疍民重要的淡水补给点，于是有部分疍民在此处无地权争议的山脚搭建木棚。尔后，人们根据木棚的结构搭建起房屋，后又将房屋改造成骑楼，并增加了阳台。今天还可以见到这些传统渔民房屋的残形（见图 6-6）。20 世纪 60 年代，三井渔民新村得以建立，20 世纪 70 年代，居民又根据大粒山地形建设了水塔巷，同时在北岸围海造地，建立了浦鱼州渔民新村①（见图 6-7）。改革开放后，居民向四周扩散，建立现代化新居，遂成北环社区。

图 6-6　三井渔村家口船屋（马显冰摄）

---

① 有关闸坡渔民新村建设可参考杨计文《闸坡印记》一书中的有关观点。参见杨计文《闸坡印记（上）》，岭南美术出版社 2019 年版。

图6-7　浦鱼州渔民新村建筑（马显冰摄）

北环社区基本保留了新中国成立前的家口船屋（见图6-6），这些建筑规划相对整齐，集中在该社区内的三个聚居点，颇具特色。社区内还保留有军事防御古炮台。生活设施方面，社区组织兴建了水塘水库、船排厂、冰厂，大小商铺、购物点遍布，餐饮住宿等基础配套设施齐全，环境宜居。

北环社区居民传统上以渔业捕捞和海产品加工为主要生计。新中国成立后，该社区成为闸坡渔业捕捞、制冰、产品加工的主要阵地。改革开放后，与渔业相关联的工业如船排厂（见图6-8）、石灰厂等迅速兴起。图6-9为渔民正在码头修补渔船。近二十年来，该社区的旅游服务业也逐渐兴起。

第六章 阳江沿海渔村的基本类型及其演变

图 6-8 闸坡船排厂（马显冰摄）

图 6-9 渔民在码头修补渔船（马显冰摄）

目前，北环社区由北环居委会和闸坡渔业管理委员会共同管理。社区内曾有一座清代始建的三井庙，不少居民每天前来参拜，现已被毁不存。社区有传统的集体节日活动——"行正清"① ——祭祖扫墓，同时也有近几年政府牵头主导的"南海开渔节"活动。虽然疍民已上岸居住，但其一些生活生产的风俗习惯仍然被予保留。俗话说"行船跑马三分险"，从事高风险作业的渔民，处处事事都图吉利、讲禁忌，凡是犯忌讳的事和话都不做不说。例如，最常见的是渔民吃鱼时忌翻鱼身，因此种行为对渔民来说预示不吉利，让人联想到船翻的场景；又如，遇到重大生产活动如造船时要祭拜鲁班，举行"扎槽"仪式，新船下水时要祭海祷告海神、妈祖；等等。

作为闸坡渔业镇管辖下的两个不同社区，南兴与北环都有着疍民迁移建立聚落的历史，并不同程度地保持着海洋渔业文化传统。南兴社区因地处商业经济文化中心，城镇化程度高，侧重渔业、商业和旅游发展；北环社区则处于城乡接合地带，尚处于城镇化的过程之中，侧重渔业和工业的发展。

（二）传统半渔农村的现代化转型：华洞村②

由于阳江海滨沿岸土地基本上为盐碱地或滩涂，不适宜耕作，水稻、番薯等农作物产量极低，因而沿海附近村落乡人以浅海捕捞如"地拉网"③、抓蚬、"扒白"、淘螺、打蚝、漏鱼仔、锄沙蚂、捡海胆等捕捞作业维持生计。改革开放以来，随着船舶机械化，小机渔船在近海捕捞作业中得到推广使用，大大提高了渔业生产效率。同时，由政府主导进行围海造田或者改善滩涂、盐碱地，现代化农业生产和咸淡水养殖等生产方式得以施行。在此背景下，一些相关条件较为优越的村落如华洞村、边海村等逐渐发展成为现代化半渔农村。

华洞村位于大沟镇西南部，距镇政府 10 千米，因有华洞河从东村穿过流入大海而取名华洞。村场总面积 2 平方千米。在 20 世纪 60 年代，华洞村分为西村、东村、中村、南村、北村 5 条自然村，户籍

---

① 指清明当天去墓地拜祭祖先。
② 华洞村相关数据来源于课题组调查访谈资料及《全粤村情》。
③ "地拉网"是阳江沿海地区半渔农村传统的捕鱼方式，以溪头镇蓝袍村最为著名，作业方式详见本书第十一章。

人口 3000 多人，常住人口约 1000 人，有陈、杜等姓氏。

华洞村面积为 9.3 平方千米，有水田约 2800 亩、基围 1700 亩、沙滩长约 4 千米，两个排洪涵闸既可存储淡咸水以作养殖，又可作为船舶避风港口之用。华洞村现大体保留着传统渔村的风貌：有古门楼、古石桥、古井、碉楼（见图 6-10）、航标塔、娘嫲庙（即妈祖庙）、天后宫、陈氏宗祠等古建筑，还有 100 多座先后建于明清或民国时期的传统低矮民居（见图 6-11），其中部分已被毁坏，部分仍可居住。全村已于 20 世纪八九十年代通水、通电、通网，进行了村道硬化，还建有篮球场、羽毛球室、文化广场、图书室等体育文娱基本设施。

图 6-10　华洞村古碉楼（马显冰摄）

图 6-11　华洞村街巷（马显冰摄）

华洞村传统生计以渔、农为主。在过去，乡人驾驶帆船进行浅海捕鱼作业，同时种植水稻，饲养鸡、鸭、鹅等。20 世纪 80 年代起，该村对农田、滩涂加以改造，一方面挖塘养虾，另一方面进行浅海水养殖。如今村内有水产养殖、养猪等的专业户，但均以规模不大的家庭作坊式为主。同时，该村还通过集体转让农田经营权等方式发展水产养殖业（见图 6-12）。华洞村现有小机渔船 138 艘，仍保留夫妻二人出海捕鱼的生产生活模式。渔民每天开渔船出海捕鱼归来时，都会吸引城镇居民开车前来购买，也有渔贩前来收购渔获，于是在海边码头形成了"晚水鱼"① 小鱼市，给这片平静的海滩带来了生机与活力（见图 6-13、图 6-14）。

---

① 指渔民下午或傍晚时分从海里捕回的鱼。

第六章　阳江沿海渔村的基本类型及其演变

图 6-12　华洞村鱼塘养殖基围（马显冰摄）

图 6-13　渔船捕鱼归来（马显冰摄）

图 6-14　"晚水鱼"小鱼市（马显冰摄）

华洞村有诸多传统节庆活动,尤其是春分时节在陈氏宗祠举行的祭祖仪式,其既隆重又热闹。农历三月二十三日,村民集体举办娘妈诞(即妈祖诞,阳东地区俗称"娘妈"),祈求出海平安、渔汛丰收。夏季收割稻谷后,人们还会举办"上田节",一来集体庆贺五谷丰收,二来也是对辛苦劳作的自我肯定与奖赏。

今天的华洞村已经由一个传统的半渔农村发展成为现代化半渔农村。与本书第五章提及的现代化程度较高的边海村不同,华洞村虽出现了捕捞工具机械化、养殖产业化等现代化变迁,但更多地保留了传统渔农村落的特点,如大部分村民仍然使用机械小木船、以夫妻搭档的传统形式进行浅海捕鱼,而养殖业也以家庭作坊式为主,等等。

(三)半渔农村转向现代化纯渔业村:鸡姆塱村与红光村

依照渔民生活保障的稳定化需求,海洋渔村演变的传统路径一般为生计方式由单一转向多元,即从单纯的海洋渔业生产转向半渔农、甚至渔农商复合型结构。然而,在现代化背景之下,阳江沿海地区出现了由传统半渔农村转向纯渔业村的"逆向"发展路径,其典型的代表为阳西县织篢镇的鸡姆塱村和程村镇的红光村。

1. 鸡姆塱村

鸡姆塱村位于阳西县东南面,处织篢河尖山嘴出海口南岸,并形成天然的小码头,因村前有一座形如母鸡状的山岭——鸡姆岭而得名。该村距阳西县城10千米,全村有土地291亩,村庄占地面积76亩,村民69户共490人,大部分人常年在江浙、福建一带沿海捕鱼。相传该村始于明代,林姓为村中大姓。图6-15、图6-16为鸡姆塱村半渔农时期的旧街巷及老民居。

第六章 阳江沿海渔村的基本类型及其演变

图 6-15　鸡嗍埇村半渔农时期的旧街巷（马显冰摄）

图 6-16　鸡嗍埇村半渔农时期的老民居（马显冰摄）

在美丽乡村建设的过程中，鸡㙟埔村经过比较完备的规划建设，其村容村貌得到提升，在半渔半农传统渔村的基础上打造出休闲美丽渔村。村内基础设施建设较为完备、实现了通水、通电、通网，还建立了村民文化活动室、渔家文化展示馆、休闲公园、文化广场、体育运动场所等文娱体育设施。特别是在修葺保留传统民居方面，融入渔文化元素，使得新旧建筑互相映衬，实现了渔家传统村落与现代化乡村的完美融合，堪称现代化渔村建设的表率（见图6-17、图6-18）。

图6-17　鸡㙟埔村村民新居（马显冰摄）

图6-18　鸡㙟埔村村口广场（马显冰摄）

第六章　阳江沿海渔村的基本类型及其演变

鸡㙟塱村原为半渔半农村落，在改革开放前渔民以人工摇橹船、帆船、划桨船为主要工具外出捕鱼，并到浅海边拾螺等，同时也从事耕田种菜等农业生产，人均收入低，甚至不能解决温饱问题。从20世纪80年代开始，村民积极探索，逐步走上渔业致富之路，如今已成为广东省最富有的渔村之一。该村紧紧围绕"渔"这一主线，在生产工具、生产方式、产业范围等方面持续探索：从小木船到钢铁船，从近海作业到远洋捕捞，从养殖到深加工，再到休闲旅游观光业，形成了第一、第二、第三产业融合发展的完整产业链[①]，并积极参与国际上"一带一路"渔业合作。村民以合股经营方式成立的广东顺欣海洋渔业集团有限公司是鸡㙟塱村渔业致富的中坚力量，该公司也因此获得"农业产业化国家级重点农业龙头企业"的荣誉称号。

在大力发展经济的同时，鸡㙟塱村也十分注重文化建设，除前文提及的村落渔业文化展示馆（见图6-19）、文化广场、文化活动室等公共文化设施外，村内还保留着浓厚的传统渔村风俗，尤具特色的是村后建有10余间各姓氏祖先庙（见图6-20）。这些祖先庙的庙堂占地面积约4平方米，内设有祖先神位。每逢农历初一、十五或重大节日，各姓氏的族人都会到此祭拜祖先。

图6-19　鸡㙟塱村渔家文化馆（马显冰摄）

---

① 参见张琪琪、杨世华《最近爆红朋友圈的阳西县鸡㙟村，也许你未真正认识"她"……》，见南方报业传媒集团"南方+"客户端（https://www.163.com/dy/article/FGA5UITQ055004XG.html）。

图 6-20 鸡帽埒村祖先庙（马显冰摄）

2. 红光村[①]

红光村（见图 6-21）位于阳西县程村镇东南面，距镇区 6.5 千米，总面积 11.5 平方千米，辖 3 个自然村，户籍人口约 3000 人。该村为谢姓单姓村，建村历史最早可追溯到明代，曾建有谢氏宗祠一座，现改为学校。村落三面环水临海，海岸线长 2.5 千米，整个村落被延绵海岸的约 6500 亩的红树林包围，养蚝环境得天独厚。全村养蚝总面积约 4 万亩，年产鲜蚝约 5 万吨，是著名的"中国蚝乡"。

---

① 红光村相关数据由红光村委会提供。

图 6-21　红光村俯视图（红光村委会提供）

2020年，红光村被授予"全国文明村镇"称号。美丽乡村建设政策的实施，使红光村的村容村貌得到较大改善。村内民居分布稠密，有小洋房、小平房、瓦房等形制（见图6-22）。蚝农为了方便管理蚝场，平常多居住在蚝场附近，但村里仍制定、实施了村容保洁制度，设有垃圾池，修建了污水处理池与公共厕所，整个村子十分干净整洁。红光村的水陆交通基础设施经过升级改造，环村道路实现硬化，建有服务于养蚝经济的高低水码头和"沿港"蚝批发市场。村内还专门打造了文化广场、人工湖、绿化公园、休闲绿道和健身场等村民休闲娱乐设施设备。图6-23为红光村新村巷。

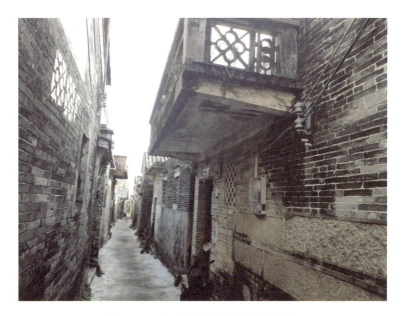

图 6-22　红光村旧民居（马显冰摄）

图 6-23　红光村新村巷（马显冰摄）

红光村有约 200 年的养蚝历史和 180 多年制作蚝油、蚝豉的历史。传统的养蚝方式为"放养",即放蚝苗在固定蚝排(见图 6-24)自然附着繁衍。新中国成立后,红光村成立了国营程村蚝场。改革开放之后,私人养殖得到发展,该村又创造了新养蚝技术——"吊养"①,使得蚝产量大大提高,逐步实现养蚝规模化、技术化和现代化,蚝油、蚝豉的制作也由传统的家庭作坊式转向以工厂加工为主。目前,全村约有 2000 人养蚝,占全村常住人口九成多。1992 年,蚝农自发组建了蚝协会,2002 年协会改组后,在帮助养蚝专业户处理生产和销售问题、协调蚝农之间纠纷、实现产销一条龙方面发挥了更大的作用。同时,协会还邀请专家给蚝农进行技术培训,并提供多方面的指导与帮助,为养蚝业提供源源不断的发展和创新动力。目前,红关村还尝试依托红树林规划发展生态乡村旅游业(图 6-25、图 6-26)。

图 6-24 红光村蚝排(红光村村委会提供)

---

① 采用胶丝绳粘蚝吊养,就是将蚝苗取下,按照背靠背的方式,将蚝苗粘在胶丝绳上再放到蚝棚中吊养,每条绳长 2 米,共贴 9 对 18 只。

图 6-25 红光村红树林（马显冰摄）

图 6-26 红光村围堤（马显冰摄）

红光村的节庆习俗颇具特色，有着 200 年历史的扒蟹艇比赛就是其节庆习俗之一。每年农历五月初六，村里的蚝农便带着自家的生产工具——扒蟹艇（见图 6-27）来参与这一赛事，以表达对养蚝丰收的美好愿望。当地逢年过节时，因"蚝豉"与"好事"谐音，寓意好事连年、好事来临，家家户户餐桌上必备"蚝""蚝豉"等食物，以寓意吉祥、如意。每年农历三月初十,村里还会举行大王庙诞,每家每户将分发得来的红符粘贴于家门口,以驱魔辟邪,护佑平安。图6-28 为红光村小码头市场。

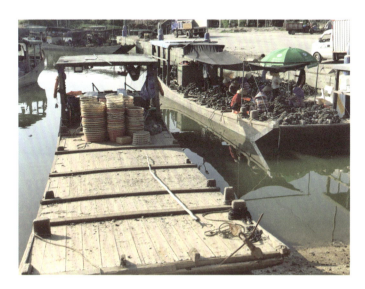

图6-27 红光村扒蟹艇(马显冰摄)

图6-28 红光村小码头市场(马显冰摄)

鸡㛠垌村和红光村皆由传统的半渔农村转型成为现代化的纯渔业村,这一渔村演变路径是在现代化渔业生产的支持之下得以实现的,如今两村的渔业产值均占全村总产值的80%以上。鸡㛠垌村是广东最富有的渔村之一,它从一个小渔村走出国门,走向国际,并着眼于国际渔业发展的高度,大力发展渔业第一、二、三产业,实现规模化、产业化、技术化,成为渔村现代化的一个成功模范。红光村则作为阳江咸淡水养殖业的佼佼者,打造出"中国蚝乡"的品牌,为阳江沿海渔村的专业化发展提供了可资借鉴的方式、方法。

(四)半渔农村转向旅游业渔村:南村

在阳江沿海渔村中,由传统半渔农村转变为旅游渔业村者为数不多。作为一种新兴的专业渔村,旅游业渔村建设除了需要具备特殊的高品位旅游资源,政府政策支持和雄厚的资本投入也必不可少。此类沿海村落除了村民村场用地,其余的耕地、滩涂、沙滩等土地资源往往会被征收或者由村集体将经营权转让用于旅游配套设施的建设。这虽然可以增加部分集体收入,但也可能使全村面临无地可耕或无法停靠捕鱼船舶的局面。

南村位于闸坡镇西南部,距离镇政府12千米,地处竹眼顶山(今华山)之南山脚下,又面临南海,故取名"南村"。该村下辖3个自然村:南村、谷寮、稠灶,户籍人口1700多人。南村背山面海,海洋资源优越,拥有优美的狭长的海湾——"十里银滩",以及大面积的滨海盐碱地(现均被开发利用)。该村现有吴、许、曾、彭、郭姓,村落历史最早可追溯到宋元时期。

20世纪80年代以前,南村处于相对封闭的状态,外出需要翻山越岭,当地人称之为"岛中之岛"。近几年,村貌发生了很大变化:实施农房管控,统一建筑涂鸦的内容和风格;实施厕所革命,建立无公害公厕10间;实现全村巷道硬底化、亮化,并有康宋大道直通闸坡海陵;建设文娱体育场所,如地方驿站、图书室、篮球场等。当然,最具代表性的还数打造具有渔文化特色的海陵岛谷寮艺术度假村。2021年,南村作为闸坡镇乡村振兴的典范,在广东省第二届

第六章 阳江沿海渔村的基本类型及其演变

"乡村振兴大擂台"活动中荣获三项大奖。下图分别是南村村场和改造后的民宿(见图6-29、图6-30)

图6-29 南村村场(马显冰摄)

图6-30 民居改造的民宿(马显冰摄)

南村是传统的半渔农村,由于盐碱地不宜耕种,人均土地少,村民曾以种植番薯为主食,同时进行浅海捕捞,过着自给自足的生活。据说,宋元时期该地曾拥有盐场和瓦窑,均为自用。

2007年,南宋古沉船"南海Ⅰ号"水晶宫选址在"十里银滩",几家大型知名房地产企业纷纷在此投资。南村抓住商机,大力发展商铺出租、土地出租、旅游项目合作开发等,村落旅游业迅速发展起来(见图6-31、图6-32)。近几年,该村引进公司投资逾1.4亿元,打造起海陵岛谷寮艺术度假村项目,建成集民居民俗、农家旅馆、特产购物于一体的生态旅游区,并与阳江市海杨旅游投资有限公司合作开发"银滩一号 缤纷海岸"旅游项目。

图6-31 谷寮村小商业街(马显冰摄)

第六章 阳江沿海渔村的基本类型及其演变

图6-32 南村"银滩一号"附近商铺（马显冰摄）

此外，该村还积极发展个体商业，如开设餐馆、民宿等；加之房地产企业也为村民提供较多的就业岗位，可以说多数村民实现了在"家门口"就业。不过，沿海渔村的旅游呈现出明显的淡季与旺季之分，旺季一般为每年的5—10月。而在其他旅游淡季的时间里，南村部分村民仍旧以捕鱼维持生计，除了用拖网到浅海捕鱼，有些村民还骑水上摩托艇、飞艇等到近海捕鱼。

伴随着旅游业开发及生计模式的转型，南村传统的民间习俗包括婚娶生育、清明祭祖、庙诞演戏等均已趋于简化。日常生活里，部分村民还保留了每逢农历初一、十五到附近的天后宫上香的习俗。图6-33为南村吴氏宗祠。

南村由传统的半渔农村转变为现代化的旅游业渔村，是阳江渔村中少有的个例，其经济发展已达到城镇水平。在旅游地产开发和"南海Ⅰ号"文化效应的多重影响下，南村人充分发挥了参与旅游业开发的主动性与能动性，使得村落集体经济繁荣，个体经济也得到良好的发展。如今村民年人均收入可观，南村成为海陵岛首富村，还辐射带

101

动起周边村落的经济发展。同时,村民依旧在旅游淡季以传统的捕鱼方式帮补生计,一方面使得传统得以延续,另一方面也在一定程度上保障了经济收入的稳定性。

图 6-33　南村吴氏宗祠(马显冰摄)

(五)新中国成立后规划建设的纯渔业村——新兴村[①]

从 20 世纪 50 年代开始,国家将疍民居住安置问题列为重要的民生改善工作,地方政府于是着手实施渔民新村工程。彼时渔民新村安置地有四种形式:其一,安排疍民入住政府没收管理的房屋或闲置的公共建筑中;其二,在不涉及土地权属争议的情况下,扩大原有部分疍民聚居点,建设渔民新居;其三,将渔业生产大队与农场生产大队重新组合成新的半渔农村;其四,重新规划一块无权属争议的海边土地建设新村庄,溪头镇的新兴村就是这一类渔民新村的典型。

---

① 新兴村相关数据由新兴村委会提供。

新兴村（见图6-34）位于溪头镇西南部，距镇政府所在地约1.5千米，距溪头港口500米。村民乃于1978年2月从程村镇红木山迁移而来，村内有张、冯等较大的姓氏。据该村保留的《关于溪头新兴渔业生产大队补办渔民新村征地手续的报告》（阳府呈〔1983〕40号）与《关于申请补办征地手续》等文件，新兴村渔民原本四海漂泊，新中国成立后由程村公社三山大队管理，1978年搬迁到溪头公社，并划出海仔围一角东至海堤、西至石桥仔、南至河涌、北至大路共50.8平方千米的一片荒滩洼地建立渔民新村。目前，全村面积约30平方千米，总人口346户2231人，常住人口80户350人，分为拖网组、围网组、刺钓组、黄港朗组、新兴组五个组。

图6-34 新兴村鸟瞰（新兴村村委会提供）

新兴村保留了20世纪70—80年代的建设规划与建筑风格，部分房屋被改造成小平房，少数拆除旧屋在原址重建楼房。1983年，该村完成72间新房修建、入住72户，另有大队部、学校等建筑。由于资金不足，其他未定居的渔户在此后逐年分批进行定居安置。直到2018年美丽乡村建设政策的实施，该村遂得以逐步完成道路硬化、路灯亮化、村庄绿化、改水改厕、建设环卫设施等工程，村居村貌得到较大改善（见图6-35、图6-36）。

图6-35 新兴村改造中的旧民居(马显冰摄)

图6-36 新兴村新民居(马显冰摄)

第六章　阳江沿海渔村的基本类型及其演变

新兴村临近港口，村民以海洋捕捞为主要生计。全村拥有大小渔船146艘，其中，按建造材质分，有钢质渔船82艘、玻璃钢渔船60艘、木质渔船4艘；按使用功能来分，有拖虾渔船5艘、拖网渔船7艘、围网渔船85艘、刺网渔船39艘、钓具渔船10艘；另有三无"生计"渔船41艘。各种渔船生产作业范围广泛，涉及广东沿海、海南省、北部湾等海域。

该村与传统的渔农村、港口渔民聚居地有所不同，由于建村年代较晚，新兴渔村没有传统的庙宇，亦未形成浓厚的村落习俗文化。一些渔民表示，由于附近没有妈祖庙，他们很少拜祭妈祖。目前，村内保留有家家户户庆祝新年、中秋节等传统节日的习俗。近些年，在地方政府的牵头组织下，开渔节成为新兴村最大型的集体活动，节日里最富特色的是妇女以一身渔女装扮在村内巡游，并有唱咸水歌比赛等节目，热闹非凡。

三、阳江沿海渔村演变的原因及启示

由于疍民群体生活环境的特殊性，传统的水上纯渔业村落留存稀少，目前，阳江浅海边的棚居聚落景观多已不复存在。① 而疍民上岸的历史，直至21世纪仍在演绎。上岸后的疍民在与陆上文化的互动过程中，逐渐形成渔农杂居、渔商杂居、渔农商杂居等不同类型的村落。新中国成立以后，国家大力推进沿海民生工程，除大规模组织渔民上岸定居、兴建渔民新村外，还投入大量资源改造沿海港口和浅海地理环境，同时发动和引导渔民进行渔业现代化的探索。在这样的大背景之下，阳江沿海渔村走上了各自不同的现代化发展道路。

透过对不同类型渔村的历史与现状的梳理，我们可以看到渔村作为一种特定时空之下人地互动的产物，其演变的脉络折射出在人的能动性作用之下沿海地理环境变迁样貌的发展规律。阳江沿海地区的自

---

① 现阳江江城区漠阳江下游河堤至石觉寺一带的河畔两旁还遗留着一些民国时期的吊脚楼，据说为当时阳江淡水疍民的居住点。

然地理资源大致有海湾、滩涂、岸滩三类。优越的海湾港口可发展大规模深浅海捕捞渔业，海湾背后的山岭不仅为渔船遮挡海上的飓风，也孕育了广阔的腹地，成为港口渔民的生活生产空间，而腹地规模的大小也在一定程度上影响了港口渔村的发展规模与走向。此外，河流入海口往往形成大面积滩涂，人们在这里围堤引灌河流淡水来调节滩涂土壤的盐碱度，开发出大片可耕种的农田，还在其上建设咸淡水养殖基地。部分滩涂上的红树林所孕育的独特生态系统也为特色养殖业创造了有利条件，而浅海区域所形成的沙质细腻的沙滩、岩滩等又是发展浅海捕捞业和滨海休闲旅游业的重要资源。

原生的滨海自然景观在人力改造之下成为整齐有序的人文景观，海洋资源的开发促使渔村得以形成并持续运转，人们也在改造自然、从事生产劳动的过程中创造出独特的村落历史与文化。从课题组调研走访的情况来看，环境改造能力越强的渔村，现代化程度越高，经济发展水平也越高。同时，值得注意的是，那些现代化程度高的渔村在渔业文化建设方面也同样突出。因此，尽管专门性的旅游业渔村在当下阳江滨海渔村中属于极少数，但绝大多数的渔村或多或少都能够借助本村的渔业文化，从旅游业及其所带来各种效应中获取利益，这又使得渔村的传统文化及生活习俗得到更进一步的重视和发扬。

以上种种已然透露出当代阳江沿海渔村演变路径的多元化趋向。传统时代渔村演变的脉络大体可概括为：居住空间从水上转向陆地，生活方式从流动变为定居，与之相伴随的是生计方式由纯渔业转向渔、农、商等多种形态的复合组合。然而，这种局面在改革开放以后高速发展的现代化进程中发生了改变。除了延续传统脉络的纯渔业转向半渔农、半渔农现代化，以及"白地"起建上岸渔民新村，阳江沿海地区还出现了专门的旅游业渔村，以及诸如鸡㙟塭村与红光村这样的纯渔业村，这种新型或"逆向"的演变不但没有导致渔村的衰落，反而使这些渔村实现了经济发展上的突飞猛进，文化建设和村容村貌也得到了很大改善，鸡㙟塭村与红光村更是一跃成为"广东首富渔村"和"中国蚝乡"，致富经验堪称典范。

当然，旅游业渔村属于极少数的特殊案例，"逆向"发展的新型

第六章　阳江沿海渔村的基本类型及其演变

纯渔业村也不是多数，阳江沿海的大部分渔村仍延续着多元生计组合的传统经济发展模式。可见，尽管现代化与全球化的力量显示出改变社会和生活的种种威力，但其撼动传统、彻底改变社会基础的能力却并没有想象中的那么强大。即便是作为新生事物的旅游业渔村，其发展的基础也是渔村的传统文化，而在"逆袭"成功的新型纯渔业渔村内更是出现了以强大经济实力支持传统文化更新与建设的现象。同时，尽管许多渔村出现人口外流、部分传统文化式微等现象，但过度索取自然、毁灭传统的"极端现代化"在这些渔村的转型过程中并不明显，在政府的主导之下，甚至产生了"开渔节"这种融传统习俗与新型商业节庆活动为一体的新民俗文化。

除以上种种之外，我们还能够看到，无论是传统时代还是现代化时期，阳江沿海渔村的演变都离不开国家的主导作用。从王朝国家为加强海防和边海社会治理而开展的海防边塞建设、清初"迁界"及展复后招揽流民开发浅海，到新中国成立以后全面组织疍民上岸安置定居、围海造田、改造港口，再到近二十年的美丽乡村建设、乡村振兴等政策的实施，国家始终在这些渔村的演变发展中扮演着关键角色，也在渔村生活和渔业文化中留下深深的烙印。

透过阳江沿海渔村的现代化转型和演变历程，我们可以得到一些启示：首先，地理环境与自然资源作为渔村生成与演变的基底，直接形塑了渔村的社会结构，并影响着渔村发展的大致方向；其次，在渔村演变的过程中，国家始终在场，渔村的形成发展脉络折射出国家对沿海地方的治理与资源开发进程；最后，在渔村的演变发展过程中，渔民从来不是一个被动的群体，他们在追求美好生活的理想的推动之下，借助国家的相关政策，积极开展改造环境和技术创新的种种活动，推动渔村的现代化进程，在渔业文化的保护与展演等现代化实践中充分展示出历史主体的能动性与创造力。

第七章
江城渔火：市井民俗与渔业生产

江城位于阳江市南部，东面和北面与阳东区毗邻，西北与阳春市接壤，西接阳西县，南临南海，漠阳江的出海口就在江城。除少数地区为丘陵和台地外，大部分是河流冲积平原和滨海平原，海岸线总长26.7千米。全区辖2个镇、8个街道和1个渔业管委会，为阳江市政府所在地，常住人口约67万人，是阳江市的政治、经济、文化和商贸中心。

阳江古为百越之地，汉武帝元鼎六年（前111）置高凉县，隋大业二年（606）从高凉县分出阳江县，此为阳江得名之始。秦代阳江地属南海郡，这是阳江归入中央王朝管辖的开端。到汉初（前204—前111），阳江为南越国所管辖，汉武帝元鼎六年（前111）征服南越国后设置岭南九郡，阳江、阳春同归属岭南九郡之一的合浦郡高凉县（交趾刺史部），此为阳江地区历史发展的重要时期。唐代，阳江被称作"恩州"，为防御州。宋仁宗庆历八年（1048），因河北贝州改为恩州，阳江改称"南恩州"，州治在阳江城鼍山下。明太祖洪武元年（1368）废除南恩州，设置阳江县，县城面临漠阳江，故称"阳江城"，简称"江城"。清同治六年（1867），阳江县升为阳江直隶州，同治九年（1870）改为直隶厅，光绪三十二年（1906）又改回直隶州。辛亥革命后，民国元年（1912）撤销阳江直隶州，改称"阳江县"。①

---

① 〔民国〕张以铖修，梁观喜纂：《阳江志》，据民国十四年（1925）刊本影印，台北成文出版社有限公司1974年版，第53－71页。

第七章 江城渔火：市井民俗与渔业生产

阳江地方于宋代进入大规模开发时期，不仅吸引了大批移民到来，还开始兴教办学，编写地方志，修筑城墙，社会经济有了大的发展；元代出现短暂消沉；明代地方经济、文化又得到恢复；到清朝发展较为鼎盛。江城区是阳江市两个市辖区之一，是"珠江三角洲"通往粤西的门户，漫长的地方开发历史在这里留下了众多遗迹和民间记忆。

一、历史文化

作为阳江地方的政治中心区域，江城区的历史文化独具特色，尤其是象征文化正统和政治权威的礼制型古迹，彰显着其在区域历史中的特殊地位。江城区现存最为引人注目的历史古迹，当属为纪念宋末捍卫江山而溺卒于阳江的张世杰而修建的太傅墓祠，以及历史悠久的书院。

（一）海防历史与太傅墓祠

从唐至宋，广东的海上贸易一直面临海盗的威胁，到南宋时，情况一度趋于严重。为将外来商船"防护赴广州"，宋朝阳江设立有军事基地，为商船提供武装护航，时㵲洲设巡检司，有寨兵，海陵岛还设有"海陵寨"。南宋时期，阳江海陵岛的军事地位十分重要，南宋末期崖山海战失败之后，一部分将士沿着熟悉的路线退到岛上，海陵岛成为他们最后生息与埋葬的地方，张世杰与陈宜中的爱国主义精神也由此成为阳江精神的一部分。张世杰是"宋末三杰"之一，是南宋主要的军事统帅。他在南宋濒临灭亡之际，殚精竭虑，试图力挽狂澜，维护大宋江山，这种可歌可泣的民族精神让人感怀。南宋之后，地方官员上任之后都会到张世杰墓前拜祭。明弘治十二年（1499），阳江知县柯昌在张世杰原葬地（今赤坎）筑墓建祠，并请当时著名的理学家陈献章（即陈白沙，今江门新会人）为张太傅墓祠作记。尽管海陵岛离阳江县城较远，而且隔着海，老百姓仍千里迢迢奔赴拜祭张世杰。为方便百姓祭拜，明嘉靖元年（1522），知县熊茂在阳江县城西门外龙津坊（今太傅路）又修建了一座"宋太傅张公世杰祠"。从此，阳江境内有了一座太傅墓、两座太傅祠。此后的 500 年间，阳江官方组织对赤坎太傅墓祠进行了 10 次重修，对太傅路的太傅祠进行了 7 次修葺。[①]

（二）书院

书院最初时为藏书之所，后来发展成为一种教育组织或者说成为中国古代的一种学校类型。它有着不同的名称：书院、草堂、学宫、书室、书庄等，是聚生课读、延师讲学之场所，其档次相当高，近乎现代高等教育。阳江市内一共有 7 所书院，比较著名的是阳江学宫和濂溪书院。

1. 阳江学宫

学宫亦称"孔庙"，是学子学习和祀孔之所。阳江学宫位于今江城区南恩路的江城区第一小学，始创于北宋庆历四年（1044），后因兵燹或其他缘故几度迁移，明成化二十一年（1485）迁建于今址。现存的学宫从明正德九年（1514）起至清代，共经历了 15 次重建、改建、增建，其中比较重要的是清嘉庆五年（1800）知县李协五倡捐平基，重修为今日之规模，现存较好的建筑有大成门、大成殿和东西庑。重建后的学宫为砖木结构，共占地 4700 平方米，各单体建筑沿中轴线呈均衡对称分布，依次是棂星门（前门，见图 7-1）、泮池、戟门（前殿）、东西两庑、大成殿（见图 7-2）、崇圣祠、明伦堂、儒学东斋、儒学西斋、尊经阁，布局严谨完整，内外浑然一体，红墙绿瓦，规制大备，是阳江县工程规模最大和历史、科学、艺术价值较高的古建筑。这个尊经崇圣的旧地，自 1933 年以来被用作学校。1986 年，阳江学宫被认定为县级重点文物保护单位。1989—1994 年，政府出资进行了两次修葺和维护，殿宇面貌有所改变。[②]

[①] 梁涛：《阳江南宋文化研究》，载《特区实践与理论》2015 年第 2 期，第 85 页。
[②] 引用广东省人民政府 2008 年 11 月 18 日"阳江学宫简介"，该简介牌挂于阳江学宫门口外墙上。

第七章　江城渔火：市井民俗与渔业生产

图7-1　阳江学宫棂星门（黄瑜摄）

图7-2　阳江学宫大成殿（黄瑜摄）

2. 濂溪书院

濂溪书院创建于清康熙十三年（1674），院址位于原城隍庙侧，书院内奉祀周濂溪、胡澹菴、沈继山三位先贤。濂溪书院现为江城区第八小学校址，整体坐北向南，是一座平衡四合院式砖木结构平房，占地面积1056平方米，平面呈长方形。中轴主体建筑四进深，内分前堂、中厅、主殿、后院，两开天井，两旁有耳室。"其内涵构筑，含墙壁柱，抬梁与穿斗混合式梁架结构，风灿墙硬山顶，前低后高，筑有风火墙。现存中厅、主殿建筑实体仍有原建筑形迹，前堂则早已改建。"[①]

周濂溪即北宋名儒、理学奠基人周敦颐，湖南道州人，宋时曾任广东转运判官、提点刑狱。因其曾在庐山莲花峰下的小溪上筑室讲学，人称"濂溪先生"。周濂溪著述甚丰，传世作品以《爱莲说》最为著名，后人对其在阳江的相关遗迹多有题咏。如明嘉靖间王继褒《濂溪书院》诗中云："霁月风光随处是，雅怀何事不思周"；吴焕章《重建濂溪祠记》中述："先生提点刑狱，洗冤泽物，渐润我恩人，恩人人祀云久矣。"

二、市井民俗

（一）妈祖信仰

阳江地处南疆，虽受中原文化影响，但仍保留着岭南独特的民俗风情，有祭祀先贤、崇拜神祇的习俗，兴建的寺庙遍及乡埠。阳江沿海港湾中船居的疍民有信奉崇拜海神妈祖和洪圣的传统习俗。南北朝时期，阳江已成为古代海上丝绸之路上的转运港。唐宋时期，阳江县城为漠阳江流域的政治、经济、文化中心及粤西地区的物资集散地：唐代阳江盛产海盐、宋代阳江石湾窑盛产陶瓷，彼时的阳江已与江浙沿海地区开展商贸往来。到了明代，阳江成为广东省七大造船中心之

---

① 阳江广播电台：《阳江历史文化坐标——阳江书院学宫》，见 http://gd.news.163.com/yj/18/1102/15/DVK8IIAI04178DAB.html。

第七章　江城渔火：市井民俗与渔业生产

一，大约就在此时，大量经常往来于阳江各地渔港的外地渔民（包括来自福建沿海地区的渔民）带来了妈祖信仰。

1. 妈祖庙的兴建

（1）祖创宫。宋代阳江县城即已兴建妈祖庙，是阳江地区创建最早的一座妈祖庙，又称"祖创宫"。据（民国）《阳江志》记载："天后庙在崇善坊，曰祖创宫，传自宋创建……知县林谟重修……道光三年知县李廷芳重修（李廷芳有记不录），光绪三年同知余祚馨重修，光绪十二年同知佘培轩重修。"① 祖创宫坐落于阳江市区塘边张中段，坐北朝南，占地 200 平方米，硬山顶，脊顶两边有风火墙，为三进一开天井的砖木结构古建筑。据当地老人回忆，前座供奉千里眼、顺风耳塑像各一尊，前座后面为天井，中座为拜庭，三面通风透光，与后座相连接。后座供奉妈祖塑像，两侧供奉四尊神像。大殿外两侧有耳房，其中一间供庙祝住宿。目前，祖创宫前座被改建成民房，中、后座基本保持完好，庙内有保存完好的石刻碑文《重修祖创公碑记》[道光三年（1823）]。祖创宫所在的街道——"塘边张"因这座古宫而被历朝地方志描述为"古庙通衢"。

除祖创宫之外，江城区市内外还有几座著名的妈祖庙。

（2）花桥坊天后宫。花桥坊天后宫位于阳江古城南门街口附近，始建于清道光十六年（1836），光绪二十四年（1898）重修，坐西向东，为三进一开天井，占地约 170 平方米，梁上通花木雕，圆形石柱，古建筑基本保持完好，现归阳江市房管局管理。

（3）月城宫。月城宫位于阳江古城西门外南侧（今环城南路口与南恩路西段交接处）的月城街，清道光八年（1828）、光绪二十二年（1896）重修，是阳江城颇负盛名的妈祖庙，时人称"娘妈庙"。清光绪年间，阳江翰林之父、贡生姜清源（东门街人）为其题写宫额"天后宫"及门联："圣母钟灵，莆田著迹。"每三年一次的"娘妈出游"就是从这里出发，向由十二街商众捐资修葺和举行庙会。月城宫

---

① 张以诚等：《阳江志》卷九《建置》，广东省地方史志办公室辑《广东历代方志集成·肇庆府部（二十八）》，岭南美术出版社 2009 年版，第 490－491 页。

坐东向西,占地约 250 平方米,为三进一开天井的古建筑。目前,月城宫前座及后座部分被拆除,今仅剩后座一小部分。

（4）石角天后宫。石角天后宫（见图 7-3）坐落于阳江市郊东南三里的漠阳江畔,始建于清雍正十三年（1735）,分别于乾隆三十年（1765）、乾隆五十八年（1793）及道光元年（1821）重修。天后宫坐东南向西北,占地约 700 平方米,为两进一天井的清代砖木结构建筑。正门联:"泽沛莆田超漠海,灵分湄岛镇鼍江。"1966 年,神像被捣毁,天后宫被强行占据并拆除。1984 年,几位热心人士与港务所协商后,在港务所前西边新建起一座 20 平方米的天后宫,并以其作为三角白旗龙舟协会总部;后经热心人士再次协商,将庙宇迁至石觉寺门口右侧予以重建,于 1994 年农历二月二十日落成。石角天后宫占地约 70 平方米,内仅有正殿和一个耳房。2004 年 7 月 20 日,该庙派员参访福建莆田湄洲妈祖祖庙,请回一尊木雕妈祖像,翌年农历三月初三开光,从此,石角天后宫成为湄洲妈祖祖庙的分灵庙。10 多年来,春秋两节致祭、香火旺盛,参与者 3000 多人,宫内现有管理人员 14 人。

图 7-3 石觉寺旁的石角天后宫（黄瑜摄）

2."娘妈出游"

阳江人旧时称天后妈祖为"娘妈"。阳江地区兴建妈祖庙的历史大体始于宋代，至清代走向兴盛。对此，当地人认为，其中一个重要的原因是清代至民国年间阳江境地兵荒马乱，瘟疫流行。在当地称作"牛仔案"的霍乱疫病流行期间，阳江各地举办娘妈出游活动，希望以神灵驱疫。

阳江的"娘妈出游"活动每三年举办一次。届时家家户户洒扫庭院，人人穿新衣，张灯结彩，宾客云集，盛况空前。农历三月二十一日为游神日，先城外后城内，民间有谚语："二十一日游城外，二十二日游城内，二十三日吃猪会。"按习俗，城外十二街按十二年次序轮流，轮到哪条街，便由哪条街上的商铺各派一人参加掷胜杯，从中选出三人来负责整个游神打醮的活动。娘妈出游时沿途拱阴街、挂"公仔"，居民焚香膜拜，金鼓喧闻，仪从甚盛。是时，四乡人士都进城观看，邻县的客商戚友也有很多来凑热闹，城内街巷人山人海，盛况空前。光绪末年，出游活动停止，民国十年（1921）又恢复。民国十五年（1926）发生严重的霍乱病，值理的商户发起关帝和娘妈同时出游的活动以消灾祈福。这次游神以后，阳江城区的游神活动便终止了，但在其他地方如东平镇天后宫每年正月还有放烟花、抢花炮等活动，阳西县儒洞天后宫则至今仍保留每年小一游、六年一大游的妈祖游神活动，是时万人空巷，蔚为壮观。①

旧时的阳江城有"十二街"，即蛋场街、一闸、二闸、三闸、四闸、五闸、六闸、七闸、珠里街、渔洲街、麒麟街、大阜街。娘妈出游时，这十二条街均上张帷幕，俗称"拱阴街"。各街都挂上造型精美的立体人物"公仔"，总数有好几百板，每板长约二米、高一米，都是从佛山租赁来的。每一板"公仔"的形象及背景塑造都源自经典历史故事或民间传说，如水漫金山、鲤鱼化龙、三气周瑜、三英战吕布、貂蝉拜月、贵妃醉酒、昭君出塞、桃园结义、刘备招亲、霸王别

---

① 参见邓格伟《妈祖信仰在阳江的起源、演变及其他》，载《阳江文史》2003年第22期，第95-123页。

姬、大闹天宫等。此时家家户户张灯结彩，好不热闹。游神时，仪仗灯色种类繁多，五光十色，争奇斗巧，参加的人数多达四五千人。城内外的大街小巷凡有路可通者，游神队伍都要经过，所到的每一条街，居民都在街道的土地庙旁摆设供品祭祀。供品分大小满汉席，大席一百二十样、小席六十样，种类有干果、鲜果、干菰、干耳、干菜、海产、山珍以及粉面制品等。各种供品被制作成精美的物类形状，如花生宝塔、红枣花塔、红椒八卦、金钩北斗、菰耳双钱、仙女拜月、老叟钓鱼、五仁团寿、狮鸣鸡鸣、仙鹤呈祥等，形制巧妙，颇具匠心。阳江娘妈诞除了游神两天外，还建醮七天。在这将近十天的时间里，居民和来客有近十万之众，极大地刺激城内消费，节日经济一时繁荣。同时，全城民众为敬拜神明还要斋戒沐浴，洒扫庭院，也在很大程度上净化了城区环境。① 图7-4为江城区老街街景。

图7-4　江城区老街（黄瑜摄）

---

① 参见谢彦伦《月城宫娘妈出游》，载《阳江文史》1993年第9期，第79-83页。

（二）端午逆水赛龙舟

端午逆水赛龙舟是阳江古来有之的一项历史悠久、颇具特色的群众性民间民俗节庆活动，当地俗称"扒龙船"。江城地区海岸线绵长，漠阳江干流由南向北贯穿全区，形成河涌交错的水网地带，水运往来频繁，每年端午民间都要在漠阳江面举行龙舟竞赛活动。阳江地区的赛龙舟习俗在梁、陈、隋时即已十分盛行，于明清两代达到鼎盛，一直延续至今，其中又以江城的逆水赛龙舟最为热闹、文化内涵最为丰富。清代地方志有"自初一至初五，棹龙舟。……箫鼓喧阗，亲友相邀，结彩船游玩。备采物、放锦标，视先后为胜负。两岸老幼聚观，至晚始散"①的记载。江城区现有12支传统龙舟队，主要集中分布在漠阳江沿岸的城西、城南和中洲三个街道办事处区域内的东砵村、那西村、洲头社区、洲尾社区、太傅渔洲社区、马洲社区、马福社区、麻演社区和西岸社区。

清末至20世纪30年代，江城区域内参加比赛的龙舟数量最多时达18艘，包括蝴壳地三角白旗、那西北帝庙的竹叶七星旗、华濠大王庙的白须公、下濑四圣宫的大耳牛、上濑的黄红旗、西岸宗祠的单白旗、沙尾宗祠的双白旗、龙涛大王庙的红旗、上堡五王庙的竹叶红旗、下堡五王庙的红旗、顿砵林氏宗祠的黑须、顿砵张氏宗祠的白须公、顿砵张氏宗祠的红须、海库北帝庙的单带七星旗、大闸社北帝庙的双带七星旗、新居大王庙的黑裙仔、塘基头大王庙的红黑签和观光大王庙的红花卷。此后龙舟数量基本保持平稳状态。抗日战争和解放战争时期，赛龙舟活动断断续续。至1949年还有那西北帝庙的竹叶七星旗、华濠大王庙的白须公、蝴壳地三角白旗、下濑四圣宫的大耳牛、上濑的黄红旗、西岸宗祠的单白旗、沙尾宗祠的双白旗、上堡五王庙的竹叶红旗、下堡五王庙的红旗、顿砵张氏宗祠的白须公、顿砵张氏宗祠的红须等龙舟11艘。

---

① 〔清〕李澐：(道光)《阳江县志》卷十九，广东省地方史志办公室辑《广东历代方志集成·肇庆府部（二十八）》，岭南美术出版社2009年版，第187页。

1978年以后，中断了近20年的江城赛龙舟活动逐渐恢复。1984年，渔洲、太傅、漠阳街道的干部、群众集资重新建造三角白旗、华濠、上濑、下濑等四艘龙舟，恢复端午赛龙舟活动。次年，城西街道的东钵村、那西村和中洲街道的麻演村的干部及群众集资新造白须、红须、单白旗、双白旗、上堡、下堡、七星旗7艘龙舟，并一起参加当年的端午赛龙舟。1997年，城南街道的群众集资重造双带七星旗，加入当年的赛龙舟活动。目前，江城区域内有12支龙舟，分别是：城西街道洲头社区的上濑龙舟、洲尾社区的下濑龙舟、那西村的竹叶七星旗龙舟、东砵村的红须龙舟和白须龙舟，城南街道太傅渔洲社区的华濠龙舟和马洲社区的三角白旗龙舟、三铺马福社区的双带七星旗龙舟和中洲街道麻演社区的上堡龙舟和下堡龙舟、西岸社区的单白旗龙舟和双白旗龙舟。

江城赛龙舟沿着漠阳江水域自南向北逆水而行，比赛水域选择在人口最密集、河岸较宽阔的地方，以方便民众观看和参与。龙舟竞渡场曾历经3次调整，过去是在漠阳江两岸村落人口较为密集的大埠头至上濑州头的江面；1958年修建漠阳桥后，改由石觉头附近至漠阳桥前江面；1985年再移至漠阳江观光桥前至冲口的江面。赛龙舟的固定活动时间为农历五月初一、初三和初五。其间，参赛的龙舟汇集在漠阳江面，在长约1300米的赛道上逆水而上、各显其能，到最后一天初五比赛得出本年度的冠军龙舟。每支参赛的龙舟都有归属的神庙或宗祠，各有自己的旌旗、称谓和龙舟协会，龙舟队的负责人称为"龙种"，龙舟有雄雌之别，不同的龙舟之间还有"姐妹船""兄弟船"之称。

逆水赛龙舟的传统仪式有"挖龙船""扒龙船""散坛"和"淹（yin，去声）龙船"，具体如下。

（1）挖龙船。龙舟下水前要举行"旺龙"仪式，通常有"挖龙船"和"祭祖"两道程序。龙舟队需要先将去年埋在船坞中的龙舟挖起，然后将龙舟划入河涌"采青"，再划船出涌，进入漠阳江水面亮相。

（2）扒龙船。初始时各龙舟可自由与其他龙舟进行对抗比赛，采取快速击锣的方式向对方发起邀请,受邀方接受挑战后,两艘龙舟在起点对齐龙头开始比赛,谁先到达终点谁就是赢家。如一方不服输,则双方须回到起点交换赛道重新比赛,然后根据公平、规范的比赛要求,以三盘两胜决出胜负。

(3)散坛。比赛结束后,在各龙舟队所属的区域内,"龙种"组织人员挨家挨户派发"龙包",男女老少一起吃"龙船饭",聚餐结束后将祖宗和神祇隆重送归原位,"龙种"宣布散坛。

(4)淹龙船。比赛结束后,各龙舟队的"龙种"[①]组织壮丁淹埋龙舟,俗称"淹龙船",目的是对龙舟进行护理和保存。农历五月初八前后,河水退潮,负责掩埋龙舟的村民在河涌里选好能够长期被水淹浸的地方,挖好船坞安放龙舟,然后将泥土覆盖龙舟全身,避免其变形、变质或氧化,待到来年农历四月初八再起挖。淹龙船之后,本年度赛龙舟活动即宣告结束。

江城的传统龙舟有规定的尺寸和造型,主要由龙头、龙身、龙尾三部分构成,头、颈、尾与船身相称。龙舟长 30.24 米,宽 1.2 米,龙头、龙颈及连接舟身部分高约 1.5 米,正面宽 0.27 米,长 0.55 米,龙尾长 1.2～1.4 米。龙头以樟木制成,雕刻精致,造型高大威武,与外地龙舟有明显区别,龙嘴下挂白、黑、红或靛色长须随风飘拂;龙身用柚木或梢木建造,漆上光亮乌黑的油漆,船身绘以色彩斑斓的鳞甲;龙尾弯翘,活灵活现。江城龙舟的划船人数一般是 54 人,比其他地方要多出十几人,中舱锣鼓手,鼓舱前、后段分别有划手十二三对,前后艄公各 1～2 人。[②]

三、渔业生产

海洋捕捞业在江城区海洋渔业中占有相当大的比例。改革开放以

[①] 龙舟队的负责人被称为"龙种"。
[②] 参见林举飞《浅析阳江市江城区"端午逆水赛龙舟"》,载《现代交际》2015 年第 3 期,第 73-74 页。

来，江城区建立了以渔船为独立生产经营单位的体制，分散经营，独立核算，自负盈亏，充分调动了渔民的积极性，渔业逐步发展成为支柱产业之一。同时，该区根据海洋渔业可持续发展的战略要求，按照"淘汰一批、调整一批、转移一批"的指导思想，调整海洋捕捞业的作业方式，形成以刺钓、笼捕为主，拖网和围网作业为辅的捕捞新格局，引导渔船转到外海深海生产，发展远洋渔业。重点扶持具有渔业产业化雏形的专业捕捞公司——南洋渔业发展公司，通过"公司＋渔户＋销售"的经营模式吸收渔船，建立一支由30多艘渔船组成的捕捞船队。这支远洋捕捞船队拓宽了文莱渔场、南沙作业渔场的规模，取得较好的经济效益。

江城区近岸海区盐度适中，浮游生物种类极其丰富，底质沙质、沙泥质、泥沙质、泥质的都有，滩涂近岸边的红树林，是鱼、虾、蟹、贝繁殖的理想场所，种苗种类丰富，常年自然盛产文蛤、泥蚶、毛蚶、牡蛎、青螺、沙螺、沙虫、泥虫等，发展滩涂养殖自然条件优越。早在清代，石柱、大魁、北宿、对岸等村养蚝（牡蛎）面积便有约200亩。20世纪60年代初，海陵大堤建成，海陵湾海水向北津口外出入处被隔断，流速渐缓，逐渐淤积形成地势平坦广阔的滩涂。平冈大堤两侧滩涂蚶苗丰富。20世纪70年代初，平冈镇大魁、石柱、百禄、黄村、东一、东二等村蚶苗人工试养成功。到20世纪80年代，滩涂养殖得到大面积开发，蚶、蚝、天然翡翠贻贝等养殖都得到推广。随着市场和养殖环境的变迁，一些海产品养殖面积亦出现一些起伏，如蚶的养殖就曾因海水被污染、疾病发生、价格下降而导致养殖面积大幅缩小。

新冲河出海口附近滩涂分布有广泛的天然文蛤繁殖区。20世纪80年代末人工养殖文蛤成功后，当地群众开始在该海区采捕文蛤种苗。这些种苗除保证本地养殖之外，还远销浙江、海南、广西、湛江、汕头等地。从20世纪50年代围海造田后形成的鱼围式养殖场在20世纪80年中后期开始迅速发展扩大，许多沿海丢荒地也被开发出来用以发展水产养殖，水产养殖尤其是网箱养鱼的兴起，很大程度上增加了江城区海产品的出口量。

第七章 江城渔火：市井民俗与渔业生产

除海水养殖外，民众还借助区内密布的水网发展淡水养殖业。以漠阳江为主的多条河流如新冲河、前冲河、九羌大河、李屋冲、岗背河等贯穿全区，水网密布，鱼塘众多。20世纪50年代开始，江城区从西江和吴川等地购买鱼苗发展淡水养殖，品种以草鱼、鲢鱼、鳙鱼、青鱼四大家鱼为主。20世纪90年代以后，淡水鱼养殖面积扩大，一些重要的养殖基地如平冈镇的网箱养殖基地、甲鱼养殖示范基地、虾蟹混养基地等被建立起来，种苗场也不断增加，还引进了水鱼、单性罗非鱼、虎纹蛙等优质养殖品种，并形成了淡水养殖的"四大特色鱼"（水鱼、罗非鱼、鳗鱼、鳄鱼）。各地渔民还利用河涌、洼地、水库边或村边的"鸡口田（意为村前后易受家禽家畜糟蹋损害的田地）"开发养鱼，随后又兴起立体式养殖模式（池塘养鱼，基塘上养猪、鸡、鸭）。

由于海洋捕捞和养殖业兴盛，1988年江城建区时已有对岸和江城两个露天水产品交易市场，之后水产品流通市场管理逐步规范，流通渠道不断扩大。1999年，江城渔港建成一个带铁棚的鱼货交易批发市场，吸引附近渔船到此交易。进入21世纪，数量众多的海鲜运输车每天把水产品运往广州、东莞、珠海、深圳等地，促进了全区水产品的流通。

如今，江城区建有对岸渔港和江城渔业港区两个国家二级渔港，以及按现代化国家一级渔港的标准在广东粤西远洋渔业基地建设的吉树深水渔港。对岸渔港于1990年建立，当年便被农业部（今农业农村部）确认为二级渔港。其旧港池是自然港湾，进出港航道浅窄，泊位紧缺。1996年年底建成的新港池可容纳200艘大小渔船停泊和避风，结束了对岸渔船"无家可归"的历史。江城区渔业港区地处市中心漠阳江河畔，现为国家二级渔港。2000年即有泊位为24米的渔业专用码头和一个占地面积700平方米锌铁棚架的鱼货交易市场，时年还兴建了渔民新村，完善渔港交易市场，鱼货日交易量55～90吨，是市区"菜篮子"的重要供应基地之一。[①]

[①] 参见阳江市江城区地方志编纂委员会编《阳江市江城志（1988—2000）》，广东经济出版社2013年版，第153-159页。

第八章
津浦古韵：渔村旧迹与养殖新貌

阳东雅韶镇下辖之津浦村（见图 8-1）历史悠久，赤靓坡一带的出土文物证明，这里在新石器时代便有先民足迹；明清时期，这里有了北津村和冲边村这两个较大的村落。冲边村向外发展形成了横垄村，由于冲边村和横垄村的亲缘关系，这里又合称"横冲村"。合浦村陈姓是横冲村的支脉，海屋村绝大部分又是合浦村陈姓的分支，石桥村则是合浦村陈姓的另一房。此外，北津村塱尾的部分陈姓是从冲边村分衍而来的。现在的津浦行政村就是由上述的北津、冲边、横垄、合浦、石桥、上海屋、下海屋、杜屋寨 8 条自然村组成的，居住着 20 多个姓氏的人家。

图 8-1 津浦村传统民居（黄瑜摄）

第八章 津浦古韵：渔村旧迹与养殖新貌

一、传统村落构成

（一）横冲村①

横垄村为冲边村向外发展而成，两个村落有着密切的亲缘关系，当地有"先有冲边村，后有横垄村"之说，所以，合称"横冲村"。冲边村乃因村边有一条雅韶涌经过（"涌"与"冲"同音）而得名，横垄村则因地处一块横亘高起的垄地而得名，又因地属沙质，呈黄色，别名"黄沙垄"。横垄和冲边合称"横冲村"，亦取其河涌从村边横过之意。根据当地人记忆，清初，陈姓人家先在冲边建村，后向横垄扩展，整个聚落呈"S"形。

（二）北津村②

北津村又名"刘屋园"，聚落呈分散式块状、三角形布局。村子位于雅韶镇西南部漠阳江入海口北岸，西与对岸村隔河相望，北面是石桥村，东面是下海屋村。此处原为渡口，依山濒海，与埠场镇南津村相对，故名"北津"。村场坐东向西，那龙河在西边流淌，冲击小平原分布在西北两面，东北有海拔180米的马山，双北公路沿线由南至北分别是佛子坑水库、屋背山、独山（又名"烟墩山""望瞭山""五摩山"），北边有下洋垌，南边是龙山（又名"城山"）、北津港码头、漠阳江出海口及独石塔。

北津村为多姓杂居村落，世居村民有陈、刘、雷、洪、黄、沙等姓。据《津浦简志》记载，明初陈姓人家在此建村③，今天，陈姓依

---

① 参见广东省阳江市阳东县雅韶镇津浦简志编纂委员会编《津浦简志》2007年版，第51页。
② 参见广东省人民政府地方志办公室编《全粤村情·阳江市阳东区卷（二）》，中华书局2018年版，第329－330页。
③ 参见广东省阳江市阳东县雅韶镇津浦简志编纂委员会《津浦简志》（内部资料），2007年，第51页。

旧为第一大姓，陈瑜公为津浦陈氏始祖。刘姓是该村第二大姓。据村民传说，刘姓村民大多以捕鱼为业，经常会停靠北津，后遇到台风，渔船被打烂，得到陈姓帮助，于是刘、陈两姓居民往来密切，陆续有人定居下来。第三大姓雷姓是从阳东区大沟镇寿长村迁来的。全村人口约1200人，均为汉族广府民系，使用粤方言阳江话。

北津传统民居为阳江沿海地区砖瓦结构的小四合院式房屋，人字山墙，两面流水，两房一厅两廊一天井布局，门口朝巷口开，现在村中民居多为新建的混凝土楼房。村中自然资源主要为山林土地、河涌滩涂和白泥，约六成的人口主要依靠农业收入维持生活，传统以种植水稻、花生、大豆等为主，经济作物有蔬菜、荔枝等，其中北津莲藕、尖山蟹、北津鳗鳝、独石牡蛎是最具特色的农产品。现在村民除种植水稻，养殖猪、鸡、鸭、鹅之外，主要从事水产养殖。当地大部分青壮年外出江城或者珠江三角洲城市打工。

（三）杜屋寨村[①]

杜屋寨村位于雅韶镇南部，距离镇政府约3000米。村子西边是合浦村和冲边村，西南面是横垄村和石桥村，东面为双北公路，南面是津浦行政村、津浦小学、公庙山，北面是雅韶行政村。清朝中期，杜姓人家在此建村，以姓氏定名"杜寨"，亦称"杜村仔"。随后，雅韶谭姓陆续迁入。杜屋寨村分旧寨和新寨，旧寨村前有一口水塘，新寨在旧寨的南面，附近有佛子坑水库。

杜屋寨村世居村民均为杜姓。开基始祖六世祖杜少台、杜简台及杜懋进、杜仕球等始建今日杜屋旧寨，八世祖杜颖昌、杜颖奇创设杜屋新寨。村中有杜氏宗祠，祠堂正门横额为"杜氏宗祠"，两侧石柱联是"善组迁居原是根盘福建 荣公一派由来脉衍珠玑"。新中国成立之初，杜氏宗祠曾分给几户无房户居住，1950年代末期，宗祠拆下的建筑材料被搬到大沟建礼堂，原址则被私人改建为平房。该村每年

---

① 广东省人民政府地方志办公室编《全粤村情·阳江市阳东区卷（二）》，中华书局2018年版，第329－330页。

清明节扫墓祭祖，其他节日到土主庙拜土地神或到祠堂祭拜祖先。全村约400人，均为汉族广府民系，使用粤语阳江雅韶话。

杜屋寨村传统经济以种植水稻、花生、大豆等为主，经济作物有蔬菜、荔枝、龙眼等，其中尖山蟹最具特色。现在，村民除种植水稻，养猪、鸡、鸭、鹅之外，还从事水产养殖。20世纪90年代以后，水产养殖逐步减少，大部分青壮年外出江城或珠江三角洲打工，部分村民靠从事小商业营生。该村传统的特色技艺是织绩业。早在清代，阳江就有几户人家以织绩为生，20世纪80年代以后，随着胶丝织绩机、机械化织绩机的出现，手工织绩业遂成为史话。

4. 合浦村

合浦村位于雅韶镇南部，距离镇政府约3000米。该村始建于明初，村西远处有那龙河（大碌竹河），西南面是冲边村、横垄村，村东是杜屋寨村，南面是津浦行政村、津浦小学，北面是雅韶行政村。村场坐东北向西南，处于那龙河最下游之东面。原村名"黑煲村"，相传钟姓祖先迁徙途中行至此地时因天黑住了下来，后繁衍成村，便用俗语取了这个村名。后来钟姓人家逐步迁走，清初陈姓人家从横垄村分迁至此，觉得村名不雅，便以村西、村南有一口呈半月形的池塘相拥抱为由，改名"合浦村"。

这里的世居村民有陈、谭、林三姓。据阳江市图书馆收藏的《陈氏族谱》记载，陈氏始祖先在北津建村，后在冲边设寨，接着向横垄、合浦等处迁移，逐步建房定居。第二大姓是谭姓，来自雅韶五丰行政村。第三大姓是林姓，据说是从雅韶平岚村搬到大客坪做生意而居住下来的，后来因为大客坪衰落便移居合浦等村。全村约600人，均为汉族，广府民系，使用粤方言阳江话。约七成人口以农业为主要生计，全村约有半数人口常年在城镇生活或外出务工。村中自然资源主要有土地、河涌滩涂，传统经济以种植水稻、花生、大豆等为主；经济作物有蔬菜、荔枝、龙眼等；现时，村民除种植水稻，养猪、鸡、鸭、鹅等外，还从事水产养殖，其中尖山蟹最具特色。20世纪90年代以后，水产养殖逐步减少，大部分青壮年外出江城或珠江三角洲地区打工，部分村民以从事小商业为生。

合浦村内原有宗祠供正月初一开灯、十五圆灯及节日祭祖拜神使用，但在20世纪50年代被拆毁。村边有建村时便已存在的土主庙一座，西北面有一座占地约60平方米的华光庙（又名"五显宫"），供奉华光菩萨，庙中有对联"华耀威灵护合浦　光照显通保众安"。"文化大革命"期间，庙中的木菩萨曾经被扔进池塘，庙宇也被拆毁，现庙为2006年重建。该村村民每年清明节扫墓祭祖，其他节日在家中拜祭祖先神位。此外，村中会不定期统一组织村民到马山祭拜陈瑜公祖墓。[1]

除上述村落外，津浦地区还有聚落呈块状的石桥村，因全村巷道大多用石条（即石桥）铺筑路面而得名。清代中叶，冯姓人家在此建村，后陈姓大量迁至此处。海屋村为清末陈姓人家所建，聚落呈带状散列式分布，因村落靠近围田，原称"围屋村"，又因村子面朝大海而得名海屋村。按东为上、西为下之分法，海屋村东部为上海屋村、西部为下海屋村，过去人们还将居于中部的聚落称作中海屋村，中海屋村今已消失。

二、古港、古塔、古城与古庙

（一）北津港[2]

北津港始建于万历元年（1573），位于漠阳江与那龙河交汇入海之地津门，谓"龟蛇守水口"之要垩，自古以来为兵家必争之隘。1985年之前，该港口是阳江县唯一的货运港口，也是阳江城唯一的近郊港口。20世纪80年代后期，港口潮退期间水位较浅，加之泥沙淤积，导致港口吞吐量逐渐不符合发展需要。1988年，阳江建市以后遂建设吉树港代替北津港。

---

[1] 参见广东省人民政府地方志办公室《全粤村情·阳江市阳东区卷二》，中华书局2018年版，第324—332页。

[2] 参见广东省人民政府地方志办公室《全粤村情·阳江市阳东区卷二》，中华书局2018年版，第325页。

第八章 津浦古韵：渔村旧迹与养殖新貌

（二）独石塔[①]

北津港口（见图8-2）南面约600米处有独石洲，洲上的独石塔矗立于茫茫水域中的一大独石之巅，坡陡不平的独石与塔浑然一体。据《阳江县志》记载，独石塔始建于清代嘉庆二十二年（1817），为阳江八景之一。独石塔既是风水塔，也是船舶航行的航标，塔身北门即朝港口码头方位，刻有"独占文明"四个大字，塔体下方山腰朝北处建有一座供人们烧香的小庙台。

图8-2 今日北津港（黄瑜摄）

（三）北津寨古城

北津寨古城位于北津村西南方曾德城山及西面山脚，（道光）《广东通志》载"北津寨在县南三十里北津山西麓，旧有望海亭，明万历

[①] 参见广东省人民政府地方志办公室《全粤村情·阳江市阳东区卷二》，中华书局2018年版，第325页。

四年于此置水寨,十四年筑城,周二百二十丈,门三,为海津险要海防"①。北津寨靠山面海,依山建筑,城墙高 5 米,厚 1.3～1.4 米,周长 733.3 平方米。② 北津寨四周设有城门三座、城楼四座。清康熙年间曾多次修复城垣与炮台,增设了后山炮台。如今城址已毁,东面存有一道城墙,外批灰沙,西南角现存小段城墙,灰石夯土外包砖石,整体保存情况一般。

(四)古庙

津浦地区极为重要的古庙有两座,分别是何王庙和华光庙。

1. 何王庙③

何王庙(见图 8-3)是津浦地区极为重要的庙宇,也是历史悠久的古迹。何王庙位于北津龙山西麓,坐东朝西,面朝漠阳江,后倚龙山,殿宇巍峨,有虎踞龙盘镇守港门之势。何王庙始建年代有宋末和明初两种不同说法,其建筑为两进院落,砖木结构,青砖墙体,琉璃瓦面,雕梁画栋,甚为壮观。殿宇的柱子和横梁均由花岗岩凿成,柱子底座呈鼓形,塑莲花盆状,显得十分牢固美观。据当地人记忆,前殿正门上方原有石匾,上有明代一位名叫李达清的大官写就的"灵佑宫"三个大字,两边小对联为"灵恩南海 佑庇北津",横匾落款有建庙年代,可惜迄今未找到这块石匾。庙宇大门联为"何派衍庐江 灵钟津北 王威周粤海佑庇恩南",头进的屏风联为"独石参天标正气 百川入海汇长流",横额"河清海晏"。该庙头进面积约 50 平方米,左右两边肃立着八尺高、相貌威严的"千里眼""顺风耳"两尊神像,神像下面各有一间放地藏王的小屋。一个 8 平方米的天井之后是庙宇二进,由三间殿厅排开,整个大殿由四根石柱支撑,庭前柱联

---

① 阮元:(道光)《广东通志》,见广东省地方史志办公室辑《广东历代方志集成·省部(十七)》,岭南美术出版社 2006 年版,第 2142 页。
② 参见广东省人民政府地方志办公室《全粤村情·阳江市阳东区卷二》,中华书局 2018 年版,第 325 页。
③ 参见广东省阳江市阳东县雅韶镇津浦简志编纂委员会编《津浦简志》(2007 年),第 42-43 页。

第八章 津浦古韵：渔村旧迹与养殖新貌

为"灵显北津庇护四方同载福，佑光南粤泽施百姓共沾恩"，正殿供有灵佑何王、大德舍人两尊坐像，相貌慈祥、着装华丽。当地人称，原来两神像胸腔装有银质设备机关，使之能站立，每逢庆典都是站像更衣。坐像前面两侧分立着真人大小的四尊神像，各神像都有名字，如玉锋神、销都神、赤锋神等。正殿左边是皇后娘娘和观音菩萨坐像，右边是皇母娘娘和天后圣母贤君，几位女神相貌靓丽，仪态端庄、饰物讲究。

何王庙两边外侧是旁屋，北面是庙祝的住房和一列厨房，每年农历四月初四何王诞期或其他庆典活动，酒席全出于此。南门是一排讲究的厢房，大殿与厢房之间是一座长方形的大天井，面积 40～50 平方米，种有矮小花木。1925 年 8 月，北津开办小学，这列厢房曾被改为教室、图书馆、厨房、杂物间等。正门前是开阔地，三面围墙。正门口小门楼是北津古城的一部分和城楼之一，门楼外侧"清晏门"三字嵌在正中，门联为"港劈东西万里双流浮独石　津连南北千秋一庙镇孤城"，登楼可观江望海，两门古炮架立于门楼两侧。

图 8-3　何王庙（黄瑜摄）

1941年3月3日，日寇侵占阳江城，烧杀抢掠无所不为，这就是阳江历史上的"三三"事变。彼时何王庙内神像遭到大肆毁坏，"千里眼"和玉锋神被砍掉了手和头，何王菩萨后面一座2米多高的淡青蓝色泥塑像也被破坏，何王和大德舍人的袍衣遭到焚烧，庙祝巫四来不及逃走，只好躲藏在何王菩萨后面，深夜偷偷逃出了北津村。这座古庙于1958年冬被拆毁，砖瓦木料被送到20多千米外的大沟圩用来建造公社礼堂。现在所见的何王庙是1986年由村人陈串先生集资重建的，规模比古庙小得多，但仍为当地极为重要的庙宇。

当地传说中，北津古何王庙的建造与江城区近郊马曹的何王庙以及雅韶镇杜村仔（杜屋寨村）的何王祖庙有关。何王本名叫何景泰，约在宋建炎元年至四年（1127—1130）迁居马曹村，在一次战斗中不幸殉难，死后葬在马曹附近古称水蒲石的山坡上。后由渔翁杜统发起邻近村邑筹资，在杜村仔建起一座二进的庙宇，俗称"杜村祖庙"（见图8-4），供奉何景泰为何王菩萨。杜统死后，不知过了多少个春秋，乡民为不忘杜统的修心积德，以"大德舍人"这尊神像来纪念杜统。后来，人们又在北津建造了何王庙。

每年除夕那天，村民都要抬着何王和大德舍人两尊菩萨像绕北津一周，俗称"菩萨出游"。菩萨出游时场景十分庄严肃穆："回避""肃静"两头牌被安排在队伍的前头，以两个簸箕大小的铜锣开道，一群吹打手随后，沿途见者叩拜、秽者避开。游神之后，神像被安放在大王庙旁临时搭好的蓬棚里，供村人新年敬拜，待到正月十五"圆灯"再把菩萨送回庙里。何王庙建庙至今几百年，香火旺盛，尤其是每年四月初四何王诞辰及四月十六舍人诞辰，叩拜者达数千人之众。清康熙十二年（1673）的四月初四，阳江县令孙庭铎率领县衙文武官员20余人乘舟到北津参加北津城墙重修竣工庆典，适逢何王诞日，遂赋诗以赞之。孙庭铎下令重修《阳江县志》（周志）还谈及北津何王庙的情况："何王庙初十显应庙，在北津城内，嘉靖年间敕封显应王，又封灵佑王，灵迹累著，传神姓何名景泰，本邑马曹村人。"

第八章 津浦古韵：渔村旧迹与养殖新貌

图8-4 杜村祖庙（黄瑜摄）

2. 华光庙①

华光庙是津浦地区另一座重要的庙宇，坐落在合浦村边西北方，占地面积约 60 平方米（含前面的空地）。庙宇的建筑面积不大，红墙绿瓦，有飞檐，外形相当别致，门口是拱形的，两边各有一个直径约 40 厘米的圆孔。从整体来看，酷似一只老虎头张开大口，两只眼睛虎视眈眈直视着前方，准备随时捕杀那些胆敢前来扰民犯乱的妖邪。华光庙内供奉华光菩萨，相传是为了纪念一位精通功夫的武林高手华光而建。庙联为"华耀威灵护合浦 光照显通保众安"，横额为"五显宫"。在当地民间，"五显"指的是两大帝、三菩萨，即玉皇大帝、华光大帝、郡主菩萨、感应菩萨、灵德菩萨。由于信奉华光菩萨，以前津浦村有浓厚的习武精神，各村都有不少村民会在春节期间"露两手"以示对华光菩萨的敬畏。②

---

① 参见广东省阳江市阳东县雅韶镇津浦简志编纂委员会编《津浦简志》（2007 年），第 47 页。
② 参见广东省阳江市阳东县雅韶镇津浦简志编纂委员会编《津浦简志》（2007 年），第 42-47 页。

三、生产与生活

（一）捕捞和养殖业

津浦面临南海，浅海滩涂较阔，捕捞业和养殖业的发展潜力都很大。特别是沿海村落的村民及其祖祖辈辈在海边生产、生活，熟悉和掌握自然规律，懂得从大自然获取人们的生产、生活的必需品。比如，按潮水涨落的规律，村民干完农活后，即抽空到海边进行打虫毛（渔民用铁锹或蚝刀将生蚝从海边石头上敲打下来）、"扒白"、捉蟹、下鲦、闸泊、装网，以及季节性的缉虾仔等多种渔业作业。新中国成立之前的村民一般从事浅海渔业，工具主要有缯仔船、手网船、虾子船、地网船、钓鱼船（俗称"跛脚鸭"）等。新中国成立之后，村里有了几条大围罟船、索罟船、押虾船，渔民开始在港口附近开展捕捞作业。到20世纪60年代后期，独石洲几百公顷的滩涂先后被改造成几个大小不等的鱼虾围，大河侧五摩、独石洲边等海滩则变成了养蚝场，总面积有330多万平方米，是原阳江县境内最早搞人工养蚝的地方，其蚝苗还销往外地。过去单改双的围田，自1991年起也变成了饲养南美白对虾的养殖场，总面积达467万平方米，年均产量达1225万千克。

很久以前，独石洲是一个孤岛，今天独石围所在位置是通向南海的河沟，人们称之为"西沟（港）"，后因漠阳江上游水流变化，沙泥淤积，河沟逐渐变浅，潮落时则成了一条行人能横过的浅沟。20世纪60年代，由各生产队派出人力将西沟两头用泥塞断，变成了现在的独石围。那时的鱼虾围属于津浦的集体财产，有专人看管，潮涨时引水入围，潮退放水装网，鱼、鳝、虾、蟹产量颇丰。1979年年底，开始实行投标包围，起初由私人投资，先后在独石洲用海泥塞起红石围、大伞围等鱼虾围，每个鱼虾围的水域面积均在20万～30万平方米。但是，还剩下一个面积约80万平方米的莲花围，因水深浪急，需要投放约14万元的经费进行修整才能看见收效。经过集体研究决

第八章 津浦古韵：渔村旧迹与养殖新貌

定，按照中央文件的精神采取延长承包期的办法，发动十户人家投资，大约用了两个月的时间把这个围建起来。莲花围工程在当时引起较大的社会反响，登上了1984年4月4日《南方日报》的头版头条。此外，大河侧还围海养虾，五狼滩涂围海养白（文蛤）。按照规定，每个鱼虾围建好收获五年后便归津浦集体所有。就这样，20世纪90年代以后，整个独石洲及其周边滩涂变成了鱼、虾、蚝、蟹等海产品的大型养殖场，而不再是过去的畜牧场了（见图8-5）。①

图8-5　今日渔民（黄瑜摄）

随着沿海滩涂被改造成水产养殖场，过去的捉蟹（主要有蠘蜞、红贡仔等）、缉虾、下鲦、闸泊等传统渔业作业逐渐减少。津浦的海水养殖业数养蚝为最大宗。早在1964年，上级水产部门为发展水产养殖业，曾用无偿贷款的方式来支持津浦发展养蚝业。1965年，村民用竹枝作骨干，用水泥倒制几万支水泥柱代替石头作附着物，以插桩

---

① 石洲相关数据参见广东省阳江市阳东县雅韶镇津浦简志编纂委员会《津浦简志》（2007年），第110-111页。

的方式在独石洲的海边养蚝。初时取得成功,后因暴雨侵袭,蚝柱全被洪水冲倒,损失较大。1980年,津浦地区恢复了养蚝。经过多年摸索和反复实践,1991年开始以水泥瓦片作为附着物,采用吊桩养殖方式并取得成功,全村养蚝业开始加速发展,如今全村有养蚝专业户200多户,搭起了近70万平方米的养蚝棚架。图8-6为蚝排养殖场。

20世纪90年代以来,北津村民兴起捕捞蟹苗作业。每年农历三月和八月是捕捞蟹苗的旺季,当地村民按照潮水涨落规律,开小船出海,把网笼放入海里,随海潮流水捕捞蟹苗,图8-7为出海作业归港的小船。北津龙山脚下和下洋垌还有村民办起了养蟹场。除此之外,村民利用海水养虾的也较多,主要是放养南美白对虾、狗虾等。淡水渔业以鱼塘养鱼为主,广泛分布在各自然村,总面积达24.8万平方米,主要养殖鲩鱼、鳊鱼、鲢鱼、鲮鱼、非洲鲫、淡水白鲳等。①

图8-6 蚝排养殖场(黄瑜摄)

---

① 参见广东省阳江市阳东县雅韶镇津浦简志编纂委员会《津浦简志》(2007年),第111-113页。

第八章 津浦古韵：渔村旧迹与养殖新貌

图8-7 归港的小船（黄瑜摄）

（二）织绩业

缉布是当地用来捕捞小鱼虾的一种渔网。缉布是使用一种以脚踏手摇为动力的木质的织绩机以麻纱织成。每年夏秋捕捞鱼虾旺季到来之前，许多浅海作业的渔民和靠近海边居住的村民会购买缉布，因此，杜屋寨村生产的缉布畅销全省沿海各地和一些内河地区。

杜屋寨村手工织绩的历史悠久，早在清代已有人家以织绩为业。清朝末年，杜屋寨新村的贡二公、举三公以织布为业，他们会织缉布和蚊帐，生活富足，并将技艺传给了后人。民国时期村里的织绩机增至六七台，其中最突出的人物是芳保公。他筹集了一笔资金，购买大批麻纱，添置了织绩机，并雇请了几名技艺熟练的织布工人，在自己家里开设了小作坊。随着生产的逐步扩大，芳保公作坊生产的产品销售到台山、电白甚至更远的地方。织绩须事先购置必备的白麻（苎麻），雇工人将白麻绩成麻纱，然后在捕捞旺季到来之前就把缉布织好并及时卖掉。一台织绩机的运转，除一个人专门负责织缉布以外，还需帮卷纱的、搞购销的、缝辑布的等一班人员协调配合。当时，其他地方搞织绩的人不多，杜屋寨产的缉布经销地域越来越广，生意势头也越做越旺。

  1937年，受到抗日战争的影响，织绩业一落千丈，从业人员纷纷改行。抗日战争胜利之后，织绩业开始复苏。新中国成立之后，随着生产扩大发展，织绩业逐年兴旺，津浦的织绩业由原来的个体经营转向农业合作社。在合作化期间，丝绩业由农业合作社领导，组织集体生产，收入归公，个人分成补贴。凭借此项收益，杜屋寨村村民的收入居全津浦村村民收入前列，时人称"猪油社"。到1984年公社解体，实行联产承包责任制，杜屋村寨的织绩业也迎来了发展的黄金期，后来麻纱织绩逐渐让位于胶丝织绩。胶丝织绩除了可以用于捕捞作业外，还可以做成围网用于网箱养殖，很受市场欢迎，广东肇庆、广西北海等地的人纷纷前来订货。这一阶段出现了青年人纷纷学艺，全家齐动手搞生产的场景，织绩机数量剧增。到了20世纪八九十年代，由于机器化大生产织绩机的问世，手工织绩机被逐渐取代，原来的木制织绩机由"过去昂首在厅堂"变成为"现在龟缩于柴房"。至此，手工织绩业逐渐变成当地口耳相传的历史。

第九章
河北渔艺：海洋捕捞与海产加工

明清时期，上洋镇属海陵乡白石都管辖；清代被命名为"上海"，后来为避免与上海重名改称"上洋"。民国时期至1950年，今阳西县境为阳江县六区和七区，上洋镇属于七区；1953年改属阳江县十六区；1957年阳西撤区并乡，划成22个乡和1个镇；1960年阳西分成9个公社，置上洋公社；1983年11月至1988年，阳江改区撤区建镇，1988年阳江建市分县，阳西成为阳江市辖县，现上洋也在建制上改区为镇。从1986年建镇至今，上洋皆属于阳西县。[①]

上洋镇境内的双鱼港是阳江古港口之一，曾作为海防要塞威名远扬，明清时期建有双鱼城，但双鱼城村如今已不临海。双鱼城南十余里"受郎官山西及白石、上洋诸水入海"，有白石港；白石港外有山，"从左关之，其断处可东出而狭者，名石门，其下可南出而阔者，名泥门。故一名石门港"[②]。古白石港即今上洋镇河北村河北港，是广东省二级港口，与闸坡港隔海相望。河北港地区的海面之上曾经生活着大批渔民，20世纪50年代，在政府的组织规划下，渔民上岸定居，形成新渔村。经数十年的探索与创造，河北渔村形成了传统捕捞与海产加工、养殖相结合的新型生计方式，而特殊的社会历史使得河北村成为阳西地区富有特色的渔村。

[①] 参见吴邦忠编《阳西风物志》，阳西县文联，第6—7页；中华人民共和国民政部编，黄树贤总主编，刘洪本卷主编《中华人民共和国政区大典·广东省卷》，中国社会出版社2019年版，第1907—1908页。

[②]〔清〕李澐：(道光)《阳江县志》卷一《山川》，见广东省地方史志办公室辑《广东历代方志集成·肇庆府部（二十八）》，岭南美术出版社2009年版，第113页。

一、渔村社会

河北渔村①在改革开放初期建制为河北人民公社,后被划归上洋镇管辖。上洋镇下辖1个社区、18个行政村,河北即为行政村之一。河北(渔)港位于河北(渔)村,据2020年《阳江统计年鉴》,上洋镇总人口为1.83万户7.32万人。河北村现有3000多名渔民,均归河北村村委会管理,村民全部为汉族,可使用阳江话沟通。

作为一个由"上岸渔民"组成的村民组织,河北村村委会经历了从渔业大队到渔业管理委员会,最终发展成为河北村村委会的过程,对于渔民社会发展具有由水上生计到陆上生计转变的过渡性意义。新中国成立后,河北港的渔民逐渐上岸定居形成新村,刚上岸的渔民处于一种"无海无地无钱"的状态。20世纪50年代至80年代,渔民打渔没钱、上岸之后没有自留地;更有甚者,当时年纪大的渔民没有办法成功转产转业,"上岸渔民"出现自我身份认同危机。渔民已经回不去原来居住的近海海域,在陆地上又没有能够维持基本生活的土地、社会关系和技能,处境十分艰难。这一状况直到20世纪80年代后期,阳西县委县政府开始重视海洋资源后才稍有改善。

河北村村委会与沙扒镇的渔业管理委员会稍有不同。在沙扒镇,一户渔民人家可能分属于不同的渔业管理委员会管理,河北村的渔民则全部归河北村村委会统一管理。在渔民逐渐上岸时期,河北村村委会统筹渔民做农、分地(实际上是渔民买地居住),但始终无法改变渔民没有农田、生活得不到保障的境况。与沙扒镇红光渔业管理委员会改革开放前的管理办法类似,20世纪80年代以前,河北港渔船由河北生产大队统一管理。1989年,阳西县的一次全县水产干部大会对全县农业结构进行了调整,当时县内的三个渔港——溪头渔港、沙扒

---

① 参见阳江市文化馆、阳江市沿海经济与企业文化学会《阳江疍家民俗》,光明日报出版社2015年版,第174页。

第九章 河北渔艺：海洋捕捞与海产加工

渔港、河北渔港（见图9-1）开始实行渔业生产责任制。[①] 至此，河北村的农村基层组织生产大队体制被村委会所取代，渔民有了自主权，生产的积极性随之提高。而后，河北港成为广东省重点渔港，渔村经济得到迅速发展。

河北村目前的经济结构与其他单纯依靠渔业的村庄大同小异，基本上围绕着海洋资源开展经济活动，充分发挥"靠海吃海"的优势，从事海洋捕捞业、海产品加工业、滨海旅游业等，将海洋产业和渔村文化发展相结合。老一辈的渔民依然从事着世代相传的海洋捕捞工作，大部分渔民家庭中的青壮年则更偏向于外出至大城市打工，如今村里大约有1000人外出务工。近些年，由于捕捞业产业结构的调整与升级，以及海洋可持续发展战略的落地实施，部分渔民开展了以网箱养殖为主的养殖业，以补充休渔期、单一近海捕捞或单一远洋捕捞的空缺，保证市场持续供应，获得较为稳定的收入。

图9-1 河北村港口（马显冰摄）

[①] 参见罗运兴《在阳西的日子里》，载《阳西文史：第一辑》2014年8月，第68-70页。

河北村渔民均为明清时期从番禺（今广州市番禺区）、珠海等地迁至该村，没有在村中出现一脉独大的情况。全村渔民有张、林、杨、陈、李、布等诸多姓氏，其中张、林、杨三个姓氏为大姓。据村里老渔民称，张姓一脉相传，是从红木山迁移至此地；老阳西人口中的"红木山"，实际上就是今天阳西县程村镇红光管理区的红光行政村。

渔民上岸数十年，生活方式发生了巨大的变化，但过去长久的水上生活依然是构成渔民身份认同最重要的内容，深刻影响着人们的生活。东南沿海一带的海上渔民长期以来受到陆上村民的驱逐与歧视，他们被冠以的称呼——"疍家佬"一词于是逐渐被蒙上了另外一层色彩：它是一个意味着流离、被剥夺、受侮辱和受损害的标签。据河北港老渔民回忆，他们年轻时上街不准穿鞋，靠岸上街采购完所需要的粮食和淡水等日常生活用品就得回船。不过，河北村渔民与当时从事农业生产（简称"做农"）的村民之间并非单向地被歧视与歧视关系。直至现在，河北村渔民仍然称耕地务农的村民为"村佬"，村民则称渔民为"疍家佬"。关于"佬"字，语境不同，感情色彩也不同，在粤方言中常用来称呼男性，作为一种带有贬义的称呼时则不限用于男女。河北村渔民与农民之间以"佬"互称，充分说明他们以此强调各自的自我身份认同。

河北村的渔民与农民尽管强调各自的自我身份认同，但仅停留在文化身份层面，实际生活中很少有直接正面的冲突。个中缘由一方面是因为渔民拥有熟练的且陆上人家所欠缺的捕鱼技艺，在从事专业性渔业生产时拥有一定的话语权和优越感；另一方面则是由于渔民传统的水上居住方式，他们交往的人群主要集中在同为渔民的亲人与邻里。在渔民的认知中，家庭是最可靠的社会关系，作为渔民社会认同中的"他者的支持/赞同"部分，家庭与邻里构成的社会关系所占据的位置较除渔民社会以外的社会认同——"他者的否定"部分更为重要。

河北村渔民社会还存在一种特殊的社会关系，即"认契"。"认契"又名"上契"，是指与没有血缘关系的人以契约的方式结为契亲、干亲、谊亲。过去，溪头、上洋、沙扒一带的渔民多习惯与内陆人家认亲戚以寻求庇护，他们上岸认契时多尊内陆人为干爹、干娘。认契要举行认契礼,是时,长辈设宴招待晚辈,并邀请族人以宣示家中添加人口,晚辈则须给长辈送礼物。上契后双方须互有往来,犹如一家,若征得受契方同意,上契方甚至可以继承受契方的财产。当然,作为一种地方性的社会关系习俗,认契不仅限于渔民与内陆人之间,内陆人内部、渔民内部也会进行认契。在当地人的观念中,认契有时是为了改善自己的运势,有时是为了解灾化难,还有人因为养不起自家的孩子,只能过契给别人养。

河北村渔民除了与人结契,还与水结契,俗称"契水"。"契水"的意义与"契神"相类似,皆为上契以祈求庇护。河北村渔民"契水"的地点多为船上,上契者并不限于孩童,也可以是即将或是长期做海(意为与海相关的作业方式)的渔民,将上契者过契给"水",祈求水中神灵庇护上契者在水上的生活和生产顺利,无灾无难。图9-2为河北村街景。

图9-2 河北村街景(周开媛摄)

二、做海渔艺

河北村渔民主要从事近海捕捞与远洋捕捞，少数从事养殖业。上岸定居前，河北村渔民居住在紧密编排在一起的船上；出海捕捞时，他们往往把靠岸的船驶出，连同船上的家人一起出海，或是同家族的几条船组成一个团体，共同作业，单条船一般情况下不会出海。过去，渔民捕鱼都是靠天气状况以及过往经验习惯判断船前进的方向。2005年，渔业科技入户试点工作实施之后，渔民的捕鱼用具和导航工具发生了根本性变化，现在多使用渔器捕鱼、航海仪器设备导航定位。

河北渔港鱼种类丰富、数量多，每年开渔后，收购商从渔民手中收购的多为黄尾鱼和鲣鱼，销往广州、深圳等地。渔民以5～6元一斤的售价将鲣鱼卖给收购商。据说，开渔后，河北港码头一天对外销售的鱼可达10万斤①，单个收购商也能够购得两三万斤鱼。由于休渔期的海产品价格比较高，开渔后价格则恢复到正常水平，收购商、游客一般会在开渔后到河北港抢购海产品。

河北渔港偏南约3.2千米处有大树岛，海岸线约2510米。每年四月是海胆的盛产期，河北村渔民每天到大树岛附近捕捞海胆。目前，从事海胆捕捞的渔民约有30户，一般自产自销，少量渔民会进行收购加工。到了海胆捕捞季，渔民每天早上7点左右便出发捕捞海胆。现在有了氧气机和潜水服，最远可到十多海里②外的水域，下潜4～5米进行捕捞。每天捕捞结束后，收获的海胆便堆在渔民的家门口等待开壳，带壳海胆日捕捞量至少100斤，最多200～300斤。海胆肉日产量至少3斤，最多可达十几斤。通常由五六名中老年女性围在一起对海胆进行开壳处理。先是一人用两根短小的尖头铁管把海胆的外壳分出裂缝，其余的人戴上塑胶手套，一手拿着海胆，一手用特

---

① 1斤=500克。
② 1海里≈1852米。

制的细勺把海胆外壳撬开，挖出海胆肉放入半盆清水中，然后再将清洗干净的海胆肉倒入一个底面有密密麻麻小孔的不锈钢筛盆进行过滤、筛选，装入塑料打包盒后即可存储或出售。20世纪八九十年代，海胆多出口至港澳地区及海外国家。进入21世纪后，河北渔港的海胆主要在国内销售，随着需求量的上涨，售价也逐年上涨，从160元/千克涨至240～400元/千克。图9-3为河北村渔民正在制作渔具。

图9-3　河北村渔民制作渔具（周开媛摄）

目前，河北村约有3000人从事渔业，全部为本地渔民。截至2020年8月，全村共有429艘大小渔船，与石门村的渔船一道按照约定俗成的秩序停靠在河北渔港，总共有七八百艘。石门村为半农半渔业村，村民有可以耕作的农田、可居住的自留地，部分村民也会选择同时做海。石门村在渔船数量上后来居上，但其做海规模仍比不上河北村。

一直到今天，河北村的渔船都是由本地制造的，每位渔民平均有两到三艘渔船。20世纪70年代初期，出海进行近海捕捞的渔船大概有150马力（1马力≈735瓦特），载重约300担（1担为100斤），是河北村渔民将帆式渔船改造为以机械和帆相继驾驶的新型渔船。这一类型的渔船可以航行至福州、厦门、台湾等地进行捕捞。渔民一般依据海洋情况和天气条件不定期前往厦门、台湾等远离阳江的海域进行海上作业，不同季节出海捕捞上来的鱼虾等海洋经济生物的种类也不同。

渔民参与跨省近海捕捞的方式一般有两种：一是跟船老板打工；二是自己当老板牵头出海。第一种方式由自家有大型渔船的渔民（即老板）牵头出海，其他渔民散户跟随，结束作业后进行分红。如果散户渔民自家有可以跨省出海的船，就可以用自己的船跟随出发；如果没有，则可以跟随老板一家人的船出海，每次参与跨省近海捕捞的渔民人数可达到几十人。第二种方式是有钱买到大型渔船的渔民可以自己当老板牵头出海。20世纪80年代初实行家庭联产承包责任制后，渔船从集体所有转为个人所有，渔民的自主作业度提高，出海海域的范围随之扩大，收入也得到了提高。渔民从前世代靠打渔为生，渔船、手艺世代相传，河北村就有"六代做海""五代做海"的渔民。现在随着就业岗位增多，年轻人能学习到多种知识技能，大多没有意愿从事渔业。当老一辈渔民的体力精力开始吃不消、无力出海打渔时，他们就会根据渔船大小、使用年限等因素把自家渔船以1万元到15万元不等的价格卖给相熟的渔民。

除了出海捕捞，一些河北村渔民每年还会从河北渔港码头收购各种鱼虾，以传统土法加工成鱼虾干后再行售卖，其中以金鲳鱼、毛虾最受欢迎。加工制作鱼干的方法十分简单，先是把活鱼清理后两面翻切开串成串，再用盐水浸泡约10分钟后进行晾晒，天气好的话，晾晒两三天就可以上市出售。渔民自制的鱼干肉质新鲜，经过日晒和风干，保留了鱼的原汁原味，在市场上很受欢迎。就金鲳鱼鱼干来说，批发价是每斤30~40元，零售价格每斤55元。由于电子商务业的发展，小户渔民每个月的海产品加工订单可以达到两三百斤，渔民把加工后的海产品通过网络平台进行销售，极大地扩大了销售市场。

每年10月至次年4月是河北港捕捞毛虾的季节，河北村参与捕捞的渔船多达 120 多艘，平均日上市量达 7.5 万公斤。① 渔民捕捞回来的大量毛虾在河北港被搬运上岸后直接过秤、打包出售给前来收购的大批毛虾加工企业，现场交易价格在每公斤 6～8 元，销售范围可到福建、浙江、山东等地。河北村渔民近海捕捞的收益十分可观，仅捕捞、出售鲜毛虾一项，参与捕捞的每条渔船每年即可获得收入 12 万元，最高的可达 50 多万元。

河北村的淡水养殖主要以海水鱼虾繁育为主，主要品种有鲷科鱼类、美国红鱼、对虾、海鲈、青蟹等。河北渔港拥有阳江市唯一一家专业从事鱼虾种苗选育、水产养殖等生产活动的民营科技企业——阳西县康顺虾苗场。该企业在河北港建有 650 亩的养殖基地，产品除了销往阳江本地和珠江三角洲地区，还销往山东、辽宁等地。另一种水产养殖方式是渔排式网箱养殖，主要集中在离河北港港口不远的海域，投放与回收都需要使用渔船拖拽。2018 年，河北全村已有 60 多人参与渔排式网箱养殖②，每人少则几十个、多则三四百个网箱，每个网箱周长 20 米，年均投放鱼苗 2 万条，最高年产值 4 万元。河北村一直响应阳江市"以海兴市，绿色发展"的战略，加快发展"深蓝渔业"以支持网箱养殖的发展。若网箱养殖的经济效益较好，还能让海鱼的数量增多、质量提升，填补市场供应链的短板。

除了发展渔排式网箱养殖，河北村还重点发展大树岛海域附近的深海网箱养殖。相较于传统的渔排式网箱养殖，深海网箱养殖的养殖密度要大上 10 倍。大树岛海域深海网箱养殖基地内平均分布着 24 个周长约 60 米、深度约 6.8 米的深海网箱。③ 由于深海网箱一般以多个为一组，除了养殖空间大，还能有效规避高达 12 级左右的台风。每个网箱每年投入鱼苗 4 万尾左右，主要以金鲳鱼为主，4～5 个月即

---

① 参见吴德《阳西县上洋镇河北渔港毛虾趁暖入市：日均上市可达 7.5 万公斤》，载《阳江日报》2017 年 2 月 23 日 A2 版。

② 参见王静、陈明杰《河北村：打造原生态特色渔村》，载《阳江日报》2018 年 9 月 25 日 A02 版。

③ 参见王静、陈明杰《河北村：打造原生态特色渔村》，载《阳江日报》2018 年 9 月 25 日 A02 版。

能长成,除了主要供给阳江本地市场之外,还销往湖南、湖北等地。深海网箱也是采用人工喂养的方式,部分渔民负责投放饲料,定期派潜水员下海观察网箱。投入的人力资源较传统模式多,因此创造了不少工作岗位,有效解决了河北村渔民的就业问题。

三、 渔家风俗

(一) 海上赛龙舟

与江城的逆水赛龙舟不同,河北村传统的端午节龙舟赛的竞渡场是河北渔港海面。每年农历五月初三至初五期间,河北村民自发组织举办端午赛龙舟活动,该节俗已延续百余年。据说,该地龙舟赛的兴起与民国时期河北港岸边疍民经历的一次瘟疫有关。当时疍民问药无效,死亡惨重,前往妈祖庙问神,最后得到"神启",抬妈祖神像至村中巡游,并组织龙舟赛来驱逐瘟神。仪式完毕后,村民的病情逐渐好转。为了酬谢神灵,从此该村每年都举办龙舟赛,并于农历三月二十三举行妈祖诞庆典。

2021年以前,河北村有三条龙船,都归村委会管理。2021年2月,全村由村民自主集资、热心人士捐资,花费近20万元在村里的船厂打造了3条全新的龙船。龙船按照特定模板制作,比以前的旧龙船加长了近2米,每条龙船座位仍是37个,其中包括34名划船手、1位鼓手、1位锣手、1位掌舵人。[①] 新龙舟在龙舟赛下水前要举行骏水仪式:3条龙船被渔民依次推下龙池(海港),吉时一到,点上灯烛、鞭炮,锣鼓齐鸣,龙船随即依次出海;红、白、蓝三条龙船游弋了大约1千米后再次齐聚港口,渔民们则在港口列队,敲锣打鼓放鞭炮以示欢迎。骏水仪式不仅是新船下水前的必要仪式,同时兼具祈祷河北村出海平安丰收、港口兴旺的祈福功能。

---

① 参见潘聪颖、郑荣新《三条新龙船骏水海上展风采》,载《阳江日报》2021年2月7日A01版。

龙舟比赛正式开始之前先要拜庙、请神。每年农历五月初一至初三，村民们就会坐小船到大树岛，将岛上的洪圣公神像（或称"洪圣爷"）请到渔港举行仪式。请回神像后需要绕渔港一周，在大树岛、渔港码头、沙头、大桥几个地方停靠，撒"花纸"（即祭拜用的元宝等）。到五月初五日，人们在船上准备白米饭、各式菜品、花纸、元宝蜡烛等祭品拜龙船。祭拜仪式之后，比赛方正式开始。

（二）酬神

与阳江大多数地方渔民的酬神习惯相似，河北村渔民也习惯在船上拜神，祭拜内容为拜妈祖、拜船头和拜祖先。拜祖先须早晚插香，多为女性参拜，这一仪式也被当地人认为是女性日常生活的要务。只有当女性没有空闲时间祭拜时，男性才会承担祭拜的工作。渔民拜祖先从父亲一辈祭拜至太爷爷一辈，祖先牌位设置在"墩"①上。除了特殊年节，逢嫁娶、寿辰等家中大事时也都要祭拜祖先。不过，据渔民介绍，当地也不是家家户户都要拜神的，没有这个习惯的渔民家庭可以不拜，但是只要开始第一年的酬神，之后都不可以间断。河北村村里庙宇较少，对于参拜人的身份没有限制，无论是耕地、做农的村民，还是做海的渔民都可以前往祭拜。邻近的石门村与河北村祭拜同一个庙宇。每年农历三月二十三妈祖诞日，村里会统一组织在河北渔港码头搭戏台、邀请粤剧团"做大戏"，纪念妈祖和洪圣公（见图9-4）。

---

① 粤语白读、口语之中的阴上调，dan2，意为支撑或垫物的基础，此处指船舱特设摆放祖先牌位的支撑物，如平台、桌子、支架等。

图 9-4　河北村天后宫外景（周开媛摄）

（三）婚嫁与丧葬

河北村过去通婚仅限于渔民与渔民、村民与村民，渔民与村民之间互不通婚，如今这种界限已被打破。当地村民以前大多是在春节（正月）初二、初四举办结婚酒筵，因为这个时间段出门远航打渔的人们都回来了，此时，村里人最多，家家户户也都比较齐整热闹。新娘的嫁妆常有皮箱、草席、围裙、米、疍家帽、箩（装针线）等物品，在可以折叠的皮箱上放上嫁妆，由两个人从女方家抬到男方家，另外用箩装上猪肉、鸡、酒等一起送到男方家。男方需要给婚礼当天出现的小孩子成双成对的红包。

过去在溪头、上洋、沙扒沿海一带，渔家男女结婚时盛行"哭嫁"和"抢婚"。20 世纪 60 年代后期，渔民逐渐上岸居住，"抢亲"习俗也随之湮灭。渔家以海为家，请酒便在海上举行。婚期前一天，女方家会在白天雇请当地仪式专家"喃呒先生"[①] 为新娘脱俗。晚上设宴招待亲友，俗称"入厨"，这天的酒就摆在几条锁在一起的船

[①] 喃呒先生又称喃呒道士，喃呒佬、喃巫等，广府地区人士对正一派火居道士的俗称。

上。① 迎亲当天天黑时分,新郎和他的伙伴驾驶小船接近女方渔船。女伴围着新娘,不让新郎的船过来"抢亲"。新郎的船没法接近,只能应新娘女伴的要求唱渔歌斗输赢,随后在嬉笑打闹中接走新娘。阳西人称"哭嫁"为"仆嫁"或"藏嫁"。渔家男女结婚前一个月,待嫁女留在小船里开始哭嫁,一般有哭嫁歌,用哭声来表达对于离开父母亲人的难舍情感。渔民上岸后,哭嫁的方式也跟着改变,待嫁女不再是在船上哭嫁一个月,而是走出家门时才能哭出声来。关于过去的哭嫁习俗,渔家人认为那是因为渔家女要跟随着自家的船出海,结婚前一个月哭嫁,可让待嫁女好好休息,再举办婚礼。

阳西地区传统上实行木棺土葬,丧事仪式主要有买水、入殓、徕路、祭奠、守孝、送丧、拜七和上花等几个程序。

渔民以水为家,没有"故土"的概念。尽管渔民去世后被子孙埋在陆地,但他们并没有祖坟。河北村以前通行土葬,人们将逝者从船上抬到山上。这是因为一方面过去山头土地没有管制,归属权不明确,另一方面渔民居住的船上没有可供使用的墓葬空间。因此,河北村渔民每年的清明"拜山"(中国北方地区称"上坟")指的是同宗同族或是同村的人一起上山拜祖先坟。如今山头土地归属村里,河北村渔民采用土葬(山葬)②或是送至火葬场火葬。上山修建坟墓需要收取1000元一个坟位,如果要砍树或者因树木破坏墓地风水需要砍除,则根据树种每棵收取50~100元不等的费用。

火葬场未建成启用前,河北村渔民送丧习俗与阳西本地的土葬礼仪习俗基本一致。出殡时,亲人把逝去亲人的棺材送出门,由"八脚佬"(土工)"起杠"上路;除了在村前"摆路祭"外,抬棺人必须不停歇地把棺材抬到坟地才能放下。送葬队伍由"喃呒先生"引路,棺材随后。火葬场建成后,当地的送丧习俗有所变化,不再需要棺材,但

---

① 参见杜岳、陈森《解放前水上人家婚姻习俗》,载阳春县政协文史组编《阳春文史:合订本(第13-15辑)》2016年6月,第55-56页。
② 阳江市政府已于2000年全面推行火葬。此处的"土葬"(山葬)是指人去世后送至殡仪馆火化,火化后骨灰以骨灰罐装置并由家属领回骨灰罐,择时辰将骨灰罐埋葬在山上家族墓地中。

是诸孝子同样也要披麻戴孝,跟随着"喃呒先生"在村口或者渔港"摆路祭",沿途敲锣、吹唢呐,到了村口撒纸钱、烧"衣纸"①。

(四)地方传说:丞相迳与大黄庙

河北村石门岭有一条从山脚至山顶有一百多级石梯的丞相迳,河北港岛屿的中间岭(又名"中间洲")中有一座大王庙,每年农历三月十三日,附近农民和渔民都会前来祭拜。关于这两个地方的来历,当地有一段传说。

> 从前,上洋福湖仔村有一农妇。农妇有两个相依为命的儿子,老大叫黄文,老二叫黄武。兄弟俩从小刻苦攻文练武,后来先后考中了文武状元,被封为文武丞相。不久,母亲得病去世,兄弟俩把母亲安葬在河北独洞山,并立了石碑。
>
> 黄氏兄弟上任后,施仁政于民,深得百姓爱戴,因此也得罪了权奸国师等人,他们便寻机坑害黄氏兄弟。当得知文武丞相每年清明前都要回乡祭祖时,他们便以为是祖坟使黄氏兄弟发迹。于是,国师暗中派爪牙到上洋镇,找到了黄氏弟兄母亲的坟后,便在坟腰间插了一根长矛,砸烂了石碑,还在坟旁搭草棚放羊。消息传到朝廷,黄氏兄弟立即禀报皇上,昏庸的皇帝惧怕国师的势力,不敢公正处理,只叫黄氏兄弟回乡查明事实再说。当下,黄文乘船,黄武骑马,分别从水陆路返乡。黄武走了七七四十九天,来到独洞山脚时,果然望见母亲的坟中立着一根长矛,顿时大怒,使劲抽了马尾股一鞭,马受惊突然弹跑,把他摔昏在山脚下。他的随从救醒他后扶他上山,黄武见母坟处尽是羊屎,气得立即拔出宝剑,用力一挥,砍断了矛杆,但因用力过猛,头部与石碑相撞,顿时脑裂血溢,气绝身亡。
>
> 黄文乘船历经九九八十一天,农历三月十三日早,船驶到河北港岛屿中间岭。听说弟弟气死之事,痛如刀割,当下买了香火

---

① 旧俗为死者焚化之纸制衣服。

第九章　河北渔艺：海洋捕捞与海产加工

蜡烛要把船驶往独洞山祭祀弟弟。忽然一阵大风吹来，文丞相（黄文）船翻人亡。后来百姓感念黄氏兄弟之功，在独洞山脚下铺了百级阶梯，取名丞相迳，并在中间岭建了一座大王庙，把三月十三日定为大王诞，以示纪念。①

这则故事看起来让人有些摸不着头脑，但将之置入地方情境便能发现，其中蕴含着丰富的文化信息。传说所解释的地名"丞相迳"是来自国家官僚行政体制的语汇，人们不仅使用国家话语来表述地方事象，还以黄文、黄武兄弟通过科举考试入朝为官来表达对国家的认同。黄氏兄弟虽身居高位，却始终没有忘记故乡，他们将逝世的母亲安葬于家乡，并遵守习俗，每年回乡祭祖，又因此遭到陷害。故事并没有如一般人所期望的以扬善惩恶收场，而是以两兄弟意外惨死的悲剧结尾。当地人对两兄弟的纪念似乎集中在他们对国家所做的功绩，对于他们的冤死并没有追究和解释，而更多地表现为对这一"事实"的接受。实际上，这样的"悲剧英雄"故事母题在传统国家的边缘群体中颇为常见，这些英雄通常最终会成为当地的神祇。透过这种祭拜实践，人们对自身边缘性身份的认同或接受得以呈现，同时也透露着种种无奈与不甘。当我们回溯历史上的河北港渔民乃至生活在中国东南沿海的水上人群长期被排斥在王朝政府正统和政治体制之外的境遇，如上种种便不难理解了。

除此之外，这则故事中值得注意的还有黄文、黄武两兄弟分别走水路和陆路回乡的情节。这多少展示了沿海渔民通过水路和陆路与外界取得联系的生活事实。海洋与陆地共同构成了沿海渔民的生活世界，这样的文本设计满足了水上渔民和陆上村民不同的自我表达需要。同时，两兄弟一文一武、一海一陆的象征结构，也体现了人们将海洋文化与陆地文化置于同等重要地位的认识，而这正是沿海渔村海洋文化与陆地文化相交融的写照。

---

① 吴邦忠主编，阳西县文化局、阳西县文联合编：《阳西县民间故事选：第一辑》，内部资料，第21页。

第十章
东平大澳：山海之利与阳东良港

阳江素有山海之利、渔盐之富，山海之间的物资与人员流动是区域发展的基本要素。在三角洲河水冲刷沙泥淤积和人力围垦改造的双重作用下，沿海港湾逐渐从陆地向海洋延伸；无论是围垦种植、捕捞养殖还是商贸运输均可获利，沿海港湾于是成为物资集聚与人口流动的重要节点。围绕港湾生存的人群，在经年累月的生产和生活中，塑造出诸多沿海村落，以及过着船居生活的水上人家。本章将从阳江东部东平大澳地区的历史地理空间演变、物资流动与人群组织、信仰三个方面切入，对沿海渔民社会展开描述。

一、区域历史地理

从历代方志的记载来看，东平港一直是阳江县的边缘地带。康熙二十七年（1688）《阳江县志》中无东平港的相关记载，对此，阳江地方人士认为，清康熙年间东平港仍是一片汪洋，"一百多年前，东平只是一个孤岛，口洋、海朗、允泊等农村，还是一片汪洋大海。清康熙年间，东平四周仍被海水围住，无路可通，大澳港处在半岛的尖端"[①]。此论述得到方志的佐证，康熙二十年（1681）《阳江县志》记载："乔马都三图……寸头南五十里……大沟南五十里……三丫南七十里……口洋南七十里、北寰南七十里、旧海朗东南八十里、小澌南

[①] 郑信桓：《大澳的兴衰与东平的繁荣》，载《阳东文史》1994年第1期，第18页。

七十里……北正南七十里……莲浪迁荒……水尾迁荒……"① 比对"乔马都三图"里的村落同县城的距离和它们在当代地图上的空间位置,可以看到位于今天东平港附近的口洋、三丫、北正都在县城南七十里处,海朗所在位置应靠近大沟村附近,大沟在县城南五十里,因此,在县城东南八十里的"旧海朗"应是指位于现东平港附近的海朗村。口洋、海朗村落所在位置处于山脚边上,而且是河流入海口。所以,在康熙初年,东平仍是一个孤岛是极有可能的。

虽然(乾隆)《阳江县志》未提及,但(道光)《阳江县志》中有提及,原来的乔马都三图在康熙初年实行了迁海,部分蛋户因而失去恒产。还有另一种可能,东平原先为荒芜之地,乔马都三图中的口洋、北正均位于今天的东平港附近,部分需要内迁,注明为"迁荒"的很有可能就是靠近沿海地方甚至是附居岛屿之上的村落。康熙二十年(1681)与康熙二十七年(1688)《阳江县志》有关乔马都三图村落的记载中,只有"水尾"这个村落不再标明"迁荒"字样。② 可见,迁海使得海上大量流民开始进入官府版籍,之后,他们或继续海上营生,或对沿海滩涂进行围垦开发。

直到道光年间,东平作为重要墟市与海防要地被编入地方志书。(道光)《广东通志》有"东平汛"的记载。

> 阳江镇标左营驻阳江县城……北津碱台在本营东三十里,千总一员,分防兵三十名,拨防兵十九名。三丫汛兵八名,距本营七十里,西至北津碱台五十里,东至东平汛二十里,东平汛兵八名,东至新宁县大澳碉楼二十里。③

---

① 〔清〕周玉衡:(康熙)《阳江县志》卷一《乡村》,见广东省地方史志办公室辑《广东历代方志集成·肇庆府部(二十七)》,岭南美术出版社2009年版,第19页。
② 参见〔清〕周玉衡(康熙)《阳江县志》卷一《乡村》,见广东省地方史志办公室辑《广东历代方志集成·肇庆府部(二十七)》,岭南美术出版社2009年版,第19页;〔清〕范土瑾(康熙)《阳江县志》卷一《疆域》,见《中国地方志集成·广东府县志辑40》,上海书店出版社2013年版,第204页。
③ 〔清〕阮元修、陈昌济等纂(道光)《广东通志》卷一百七十七《经政略二十》,商务印书馆1934年版,第3238页。

同时,(道光)《阳江县志》中有"东平墟,乔马二"①"葛洲山,在东平墟南海中,与新宁分界"②的记载。此时,东平仅作为汛地和墟市被记录,可能是地方官员对阳江地域行政事务上的认识之表达,康熙早年的迁海政策使得东平港附近的人群因迁移而被官员所忽视,或是此时东平港仍是一个自然港湾,尚未有村落存在。

当地素有"先有大澳,后有东平"的说法。清代的大澳港处于阳江县和新宁县交界处,属于飞地,因港湾条件优良方便航船停留而商贸机会颇多。大澳在乾隆至咸丰年间最为繁荣,但在咸丰时因遭遇台风海啸而衰落,众多船艇于是纷纷转向东平港,到了光绪年间又有众多人前来经商,大澳于是逐渐再次兴旺。星移斗转,沧海桑田,东平岛慢慢向内陆延伸,海朗、晒布围、湾泊等海边沙滩渐成良田,村落也得以形成,东平岛终于成为一个内宽外窄的优良港湾,既可避风,又可修船补网,台风季节还可在此装船和整理工具。于是漂流在海上的渔民开始大量向东平集结,在港内水边一带搭起木棚居住,死后也葬在东平。渔民有了家,也就有了根,加上附近增加了不少村落,与北边新洲、三山莲浪、北正等村连成一片,东平就这样逐渐繁衍成一个拥有一万多人口的繁荣渔港区。

民国初年,东平港与大澳港已经成为阳江县的著名港湾,早在道光年间的《阳江县志》的舆图中已清楚地标注了东平澳、东平墟与大澳,对东平大澳也有详细的记载:"北环山在城东南六十余里,壁立海旁,石路险峻,土名羊跳石。嘉庆戊午年邑监生梁振廷倡捐凿石通道直达东平,行人便之。"③"北环为六澳之一,渔业颇盛,光绪末患盗浸衰。又东八里曰北环径,又东南六里曰独岭,自四方岭南十里曰

---

① 〔清〕李澐:(道光)《阳江县志》卷一《地理志·墟市》,见广东省地方史志办公室辑《广东历代方志集成·肇庆府部(二十八)》,岭南美术出版社2009年版,第151页。
② 〔清〕李澐:(道光)《阳江县志》卷一《地理志·山川》,见广东省地方史志办公室辑《广东历代方志集成·肇庆府部(二十八)》,岭南美术出版社2009年版,第106页。
③ 〔清〕李澐:(道光)《阳江县志》卷一《地理志·山川》,见广东省地方史志办公室辑《广东历代方志集成·肇庆府部(二十八)》,岭南美术出版社2009年版,第95-96页。

第十章 东平大澳：山海之利与阳东良港

飞鹅嘴，飞鹅嘴与独岭对峙，其中为东平澳。"①

民国《阳江志》对东平港与大澳港的记载置于"要隘"这一类别，可见东平、大澳的独特地理位置，除了利于商贸活动以外，也是地方治安的重点防范区域。

> 东平港在城东南九十里，由北面独岭蜿蜒东走，南出一臂逆转而西，如弓曲抱其尽处为飞鹅嘴，与独岭遥遥相对。港口西临巨海，东、南、北三面皆倚山为屏，惟北连陆地，东南仍海。水环之入口处，左为礁石（俗名"石仔地"），右为沙碛（俗名"沙嘴"），广约二丈余，潮涨时水深七八尺，潮退水仅尺余。港由东西相距五六里，南北相距百余丈，容积颇大，常有帆船数百艘湾泊，惟港口水浅，轮船不能入。其商场则在飞鹅山下，海堧一带有商店二百余间、蜑棚百余间，前后杂以民居，石仔地、沙嘴两处亦居商民。商务以渔业为大宗，船以罛艇为多。港东有龙眼井，水甚清冽，秋冬不涸，可供汲饮。盖綦盛略亚于闸坡市云。距港前二三里有石矗立，名钓鱼台，港之东南里许有小岛，名葛洲山。自新宁大金门、上下川等处航海西来，则大澳与此为必经之路，故向由北津汛千总派兵驻守焉。②

从这段描述中可以看到，东平港比康熙时期的面积有所扩大，已是处在独岭和飞鹅嘴两山之间，重要的是"西临巨海，东、南、北三面皆倚山为屏，惟北连陆地，东南仍海。水环之入口处，左为礁石（俗名'石仔地'），右为沙碛（俗名'沙嘴'）"，这样的港湾常有帆船数百艘湾泊，"海堧一带有商店二百余间、蜑棚百余间，前后杂以民居，石仔地、沙嘴两处亦居商民，商务以渔业为大宗，船以罛艇为多"。

而此时，大澳港因避风性能不佳，商业地位稍逊于东平港：

---

① 〔民国〕张以诚等：《阳江志》卷四《地理四·山川》，见广东省地方史志办公室辑《广东历代方志集成·肇庆府部（二十八）》，岭南美术出版社2009年版，第318—319页。

② 〔民国〕张以诚等：《阳江志》卷六《地理六·要隘》，见广东省地方史志办公室辑《广东历代方志集成·肇庆府部（二十八）》，岭南美术出版社2009年版，第394—395页。

大澳港在城东南一百里，一山突出，东西南三面环海，如人伸半臂然势略弯抱。港口在西南方，距葛洲山四里。从葛洲外入港口阔三里，水深十丈；从葛洲内入港口阔一里，水深丈余，港内水亦深丈余。向建有大小碉楼二座，夹峙南北两岸，今皆倾圮。大澳市有商店数十间，邑人居十之九，渔船亦多在此湾泊，商务为闸坡、东平两澳之亚。惜西南方无甚屏蔽，不足避风，先是大澳海面屡次失事。乾隆九年立石葛洲与新宁县分界，是地尚兼属两县，嘉庆十六年始奉拨全归阳江镇左营管辖，以一把总驻兵守之。光绪二十七年，澳商以地方不靖禀准厅丞沈鸿寿，与东平澳募勇联防。宣统元年，复禀准州牧李鸿钧，设大澳局以裒防守，是处为航行省城、香港必经之路，亦阳江海防之要地也。①

综上可见，民国初年的东平、大澳两地因其地理位置和自然环境的特殊因素，已经是阳江地区的重要港湾，具有突出的军事海防和商业功能。

二、渔港盛衰

虽然在地方官员眼中，东平和大澳是边缘地区，甚至是盗寇丛生之地，但是从海洋视角来看，东平和大澳却都是海洋船舶聚集的优良港湾，商机众多。漠阳江水深河宽，阳江港湾南鹏至上下川一带的海域在康熙年间便形成了广东最大的渔场，湖州、汕头、海南硇洲等地的渔船常常聚集在这里捕鱼，大澳因此成为一个集结渔船的渔港，各行各业的生意也日渐兴旺起来。最繁荣的时期乃乾隆年间，向来有"十三行尾"之称。然而，在咸丰年间，一次十二级台风及其引起的海啸袭击了大澳，港内渔船和商船纷纷沉入海底，数万人浮尸海面。几十年后，大澳附近仍白骨盈野，鬼火嶙嶙，十分恐怖。东平地区民

---

① 〔民国〕张以诚等：《阳江志》卷六《地理六·要隘》，见广东省地方史志办公室辑《广东历代方志集成·肇庆府部（二十八）》，岭南美术出版社2009年版，第395－397页。

第十章 东平大澳：山海之利与阳东良港

间有"东平蚁，大澳鬼""面黄牙齿白，肚大脚跟黑，一见不用问，十足大澳客"的传说，还有民谣称："大澳赚钱大澳花，东平赚钱无归家。"① 旧时交通十分不便，东平、海朗、口岸、晒布围归阳江管辖，允泊、平堤、东北、北城则是合山的辖地；大澳实际上是阳江的飞地，若不走水路，从陆路去大澳要经过合山，从大沟到东平则要经过三丫，过河后再跑三十里的山路，或者从海路以小帆船交通。图 10-1 为大澳渔村港湾。

图 10-1 大澳渔村港湾（杨海源摄）

东平港附近村落大多是在清中期才开始建宗祠。现有村落宗族所保存的族谱和民间记忆，都在一定程度上反映了东平港昔日的变迁。如海萌行政村的吴氏便称其先祖自清代迁至此地，开基建村时村南原为小海湾。② 又如允泊行政村辖下的盐灶村传说，该村第一大姓梁姓始祖于清咸丰年间（1851—1861 年）从阳江县北惯镇迁来此处居住，后其他姓氏的居民陆续从不同的地方迁来，逐渐形成村落。由于濒临海边的沙滩为晒盐地，故取名"盐灶村"。村内住民除梁姓外，还有清末自台山汶村迁来的陈姓，以及冯、赵、蔡、吴、求、李、朱、茹等族源不可考的诸多姓氏。③ 这些宗族陆续迁入并繁衍构成多姓杂居

---

① 参见郑信桓《大澳的兴衰与东平的繁荣》，载《阳东文史》1994 年第 1 期，第 20 页。
② 参见广东省人民政府地方志办公室《全粤村情·阳江市阳东区卷（一）》，中华书局 2018 年版，第 48 页。
③ 参见广东省人民政府地方志办公室《全粤村情·阳江市阳东区卷（一）》，中华书局 2018 年版，第 19 页。

村落的过程，在一定程度上佐证了当地人对东平港兴起的某种认识，也大体呈现了这一历史过程所留下的地方集体记忆。

从东平港往三丫河口走，会经过北环村，该村据说依地形取名，曾用名"北环圩"。原村场地在南海边，建有圩场，因海平面升高，市场消失，村民逐步向后面山边迁移至现址。明朝中期已有少量村民散居，清初范姓先祖从阳江北惯迁来，逐渐繁衍形成大村。[①] 值得注意的是，北环村的建村时间较盐灶村、海萌村都早，该村村民记忆中的范姓先祖迁入地与盐灶村的梁姓一致。而北惯镇在清代也是阳江地区的一个重要圩市，依靠那龙河，与合山圩、阳江县城和恩平等圩镇连接。

上述种种表明，东平各村关于自身来源的口传与族谱记忆，均指向阳江圩镇居民或是原先以沿海捕鱼为生的人群。可见，自然地理变迁和迁界等历史原因以及区域商贸市场所引发的人群流动，构成东平港及地方兴起的基本记忆，而这又与当地人群的日常生产和生活息息相关。

郑信桓在《东平的渔栏主》一文中介绍，在清代和民国时期，渔栏主和渔民所开展的经济生产活动是东平镇的经济支柱。东平的渔栏主通称为"渔户铺"，江门和阳江埠尾一带较大一点的中间批发商才叫"渔栏"，其中，渔户铺的性质非常关键。渔户（渔栏）是渔民的家，一手包揽了渔民的吃喝用度，因此，经营渔户铺必须有充足的资金。渔民的一切生活费用包括吃用和捕鱼工具全部由渔户铺（渔栏主）供应，所以，东平的渔栏实际就是一个融投资、生产、加工为一体的"综合性渔业公司"，具体经营形式有开设渔栏、渔需品商店、油糖酒米、苏杭铺（洋布铺）、中药店和运输船。

投资方法的具体操作，首先是由渔船大工（船老板）选择进入一家渔栏，船老板与渔栏双方口头约定好，宴请渔船大工即算拍板定案，然后渔栏发给大工一本账本，由大工将每次投入的资金登记在账

---

① 参见广东省人民政府地方志办公室《全粤村情·阳江市阳东区卷（一）》，中华书局2018年版，第76页。

第十章 东平大澳：山海之利与阳东良港

本上，以后该渔船就是某一渔栏的固定客户，出海捕到的鱼不能卖到别港，也不能卖给别的渔栏。回港期间的一切生活费用、用品都要在该渔栏开设的专卖店铺、工厂取用，所有消费不需付钱，只要记账。渔需品商店是为渔民提供整艘渔船所需用具的专门性商店，蒻包、席、网线绳索、苏良山货、造缆一应俱全。酒米铺为渔民提供油、糖、酒、米等生活消费品。因此，过去的渔户铺大多同时也是有名的大地主，他们可以将从乡村田地收来的租谷运来东平，加工成米供应给渔民。东平地区渔民人数众多，生产和消费能力都很强，因而开设渔栏利润丰厚。东平人有句土话："一百亩良田比不上一间烂铺壳，十间烂铺壳才抵得上一张烂船壳。"①

东平的渔栏主大多来自外地，地方历史上最大的渔栏牌号是"永祥"，老板叫张镛光，在清末到民国的几十年间执东平鱼渔栏之牛耳，被称作"大老板"。清末到民国十二年（1923）间，张镛光的商业事业达到高峰，一度左右省港澳和江门的渔栏。"大和堂"店主莫尚志是与张镛光齐名的东平商会掌权人物，兼有造缆、苏杭（洋布）、药材等业。东平第二大渔栏"新联记"的老板是合山钟姓大地主，从民国十二年开始成为东平渔栏后期的主宰者。"广兴隆"则是在抗战前期崛起的新兴渔栏主，老板是两兄弟，先是在海边卖扒艇起家，由于年轻且熟悉渔民，很快就在东平站稳脚跟，开设了东平最大的大昌布店，并在阳江、江门和广州都开有较大的渔栏"公源行"。②民国二十年（1931）左右，大澳与东平均是繁华渔港，两港相互竞争，东平的一些渔栏主联合起来建立东平商会，大澳的数十间大渔栏也以司徒少松为首建立大澳商会。抗日战争前后，大澳因盗匪滋扰而走向衰落。③

---

① 参见郑信桓《东平的渔栏主》，载《阳江文史》1993年第9期，第99页。
② 参见郑信桓《东平的渔栏主》，载《阳江文史》1993年第9期，第100页。
③ 参见郑信桓《大澳商会与大澳兴衰》，载《阳江文史》1991年第6期，第40页。

三、庙宇与信仰

东平镇现存东平古庙、天后宫和沙咀二圣宫三座妈祖庙。

(一) 东平古庙

东平古庙的具体修建年代已无法考证,但其一直被认为是当地最早建立的妈祖庙。庙宇位于东平镇马屋村边,面临南海,坐东南向西北,占地面积约200平方米,主殿圣母殿内供奉妈祖像。传说明代时期海水环流东平村,明天启四年(1624)的一次大台风引发的暴雨和暴潮,淹死了几十人,冲塌了很多房屋。从外地来做鱼生意的常氏老板出资雇请外地工人在东平村的对面和四周滩涂兴建围堤和填塞湾渠沟道,挡住风浪的袭扰,随后常氏因操劳过度而亡,村民为了纪念他而建了这座庙。[①] 东平古庙的信众主要为渔民和周边的居民,平时香客不多,但妈祖诞期,香客可达2000余人。从所处地理位置看,东平古庙比东平天后宫和沙咀二圣宫更靠近内陆山边,按照河口淤积的一般发展规律和渔民朝拜妈祖的习俗,该庙兴建之初,所处位置很可能是临近海边的河流入海口,在这里建庙方便渔民船只停留参拜。随着时间的推移,河口沙土不断淤积成陆,东平古庙与海岸线渐离渐远,人们的陆上生活空间也逐步向大海方向延伸,于是又在靠近海边的位置修建起了东平天后宫。

(二) 东平天后宫

东平天后宫背依飞鹅岭,宫前有开阔平整的广场(约有400米宽),是设坛祭神和演大戏(粤剧)的地方。百余米外为浩瀚南海,斜对面是东平沙咀。庙宇建筑整体坐东南向西北,占地面积575平方米,为三进一天井的清代古建筑。庙宇正门上方一块刻有"天后宫"三个大字的石匾上有落款"咸丰壬子年重建,合众同立",门联行书

[①] 参见陈文卫《阳江市东平镇的东平庙》,载《阳江文史》2002年第19期,第67页。

第十章　东平大澳：山海之利与阳东良港

"湄岛钟灵恩敷南国　熙朝显圣泽溥东平"（见图10-2、图10-3）。从以上文物推断，这座天后宫大约始建于清康熙年间，曾在咸丰二年（1852）重建。天后宫正门前原是一个优良港湾，如今由于内河河道越来越窄，港湾变小，但仍可作船舶停泊之用（见图10-4）。每年农历三月二十三日妈祖诞和农历九月初九日妈祖升天诞，香客络绎不绝，盛况空前。进香者除来自东平镇外，还有许多来自阳江城、大沟、新洲及香港、东莞等地的信徒和渔民。

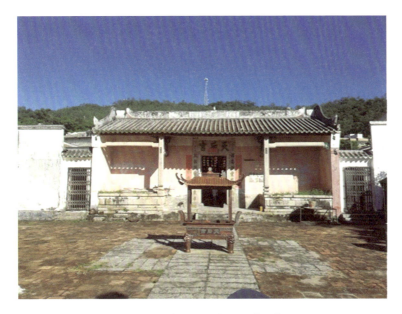

图10-2　东平天后宫（杨海源摄）

图 10-3　东平天后宫前面的小空地（杨海源摄）

图 10-4　东平天后宫对面的港湾（杨海源摄）

第十章 东平大澳：山海之利与阳东良港

对于东平天后宫的建立，当地民间有自己的说法，他们用两个内容相去甚远的故事来加以解释。

故事一：

从前，有一年轻貌美的女子因事从海南岛到东平，她行色匆匆，赶到埠头，只见5艘渔船停靠在埠头岸边，其中两艘有些破烂，但可航行，另外三艘渔船船主见这女子孤身一人，显得贫寒，不让她登上船。这女子感到无可奈何，只好向那两艘烂船船主求情，其中一艘渔船船主便答应让她上船，她感激不已。5艘船同时从海南埠头出发，航行途中，海上突然刮起狂风暴雨，浊浪排空，那三艘渔船相继被恶浪掀翻沉没，而这两艘烂船却在风雨飘摇中平安无事，安然到达东平海湾的小渔港。那位女子一登岸，便无影无踪了。那位乘载过女子的渔船船主对此感到十分神奇，揣测那女子是海神妈祖的化身，认为这次远航大难无碍必定是天后娘娘显灵庇佑。船主为了报恩，于是在东平海湾的"晒网地"建起了这座天后宫。①

故事二：

相传在清代康熙年间，阳江平岚村有一林姓男子，某日到东平海湾游览，见海景风光秀丽，深为眷恋。后来这海湾小渔村日渐繁荣，形成了集市，林某决定到此开设渔栏，做渔业生意。时间长了，林某看到当地百姓十分信仰海神妈祖，当时在东平晒布围的地方只有一座海神庙（东平古庙），远远不能满足信众参拜活动的需要。于是，谙熟风水地理的他卖掉家中30多亩田地，筹集资金，在海边飞鹅岭脚下的平坡建起一座妈祖庙，取名"天后宫"，并自任庙祝十多年。从此，东平有了第二座海神庙。②

故事一中建立东平天后宫的"晒网地"，今天已是东平镇的福兴

---

① 参见邓格伟《东平妈祖文化探源》，载《阳东文史》2003年第4期，第77-78页。
② 参见邓格伟《东平妈祖文化探源》，载《阳东文史》2003年第4期，第78页。

街,当地民间仍保留着这个土名。地名衍变的背后是庙宇所在的地理空间从渔民生产活动空间到闹市商业空间的转变过程;需要注意的是这一过程中土地性质的变化,也是人们的陆地生活空间向海洋延伸的过程。故事二中值得关注的信息是东平天后宫被认为是在东平古庙之后建起的第二座海神庙,通过对两座庙宇建立先后顺序的讲述,人们对地景变迁过程的集体记忆得以表达。一座庙宇无法满足信众参拜的需要,其原因可能是人口大幅增加,或者信仰人群活动的范围扩大到距离庙宇很远的地方,而这恰恰反映了地方开发的不断扩展。这样的集体记忆与地理空间变迁的过程是可以相互印证的。

故事一提供了东平与海南岛之间早有联系的历史信息,而当地的嚼槟榔习俗一般被认为是东平与海南岛之间自古便有商贸往来的证据。东平港位于来往海南、江门、港澳地区的必经航路,前往阳江其他墟市的商贸人群和渔民走水也必须路过东平、大澳两港。随着渔港的兴盛,渔船数量越来越多。故事二中的林姓男子不仅在东平港成为渔栏主,还在飞鹅岭山脚下建立一座妈祖庙并成为庙祝。林姓男子从一个外来的渔栏主到成为一间享受地方香火的庙宇的庙祝,其以自身的资产为地方造福的同时,也借助妈祖信仰赢得了社会声望,这实际上是一个外来商人"在地化"的过程。

(三)东平二圣宫

东平二圣宫位于东平镇沙咀街,相传为沙咀村人苏高潮创建于清光绪十一年(1885)。该宫坐东北向西南,占地320平方米,三面临海,视野开阔,景色壮美,内有三仙宫、玄坛宫和观音殿,供奉妈祖和洪圣,这在阳江地区是绝无仅有的。[①] 沙咀二圣宫兴建的时间与大澳港因风灾衰落及东平港日渐兴旺的时间点大体吻合。我们在大澳渔村中见到一些家户门前和商铺门边贴有写着"沙咀二圣宫"的红纸(见图10-5),村民解释这是到过二圣宫参拜且捐了款后,二圣宫里的庙祝发的。可见,大澳渔民会参与到东平港的庙宇拜祭,两地之间

---

① 参见许桂林《阳江港与海上丝绸之路》,广东经济出版社2018年版,第167页。

在信仰上并无严格的界限,这显然与历史上人群因地方的兴衰而在两地之间频繁流动有着密切的关联。

图 10-5　张贴在大澳村民房屋墙壁上写有"沙咀二圣宫"字样的红纸（杨海源摄）

由于位处连接广东西部与珠三角地区的特殊位置,阳江成为货物流转集散与航行物资补充的关键区域,这条航道上的东平港和大澳港则成为重要的船舶停靠点和物资中转站。随着海运的兴盛,以及基于清王朝为治理地方而采取的迁海政策等历史因素,东平、大澳港湾地区得到持续开发。大澳港有着十分重要的海防和海运作用,它在明清时期持续繁荣,却因东南角无屏障的地理缺陷而在清代中后期的一次海啸中走向衰落。大澳港的此次受损为东平港的崛起创造了机遇,大批人口及商机纷纷转向东平港。在地理和人为因素的共同作用之下，原为一片汪洋的东平逐渐成为陆地，到清末成为阳江地区与大澳齐名的大港。

人群的聚集使得东平港开始出现各类社会身份与组织，信仰仪式的举办彰显着不同人群之间的关系与权力，渔栏主与渔民构成东平港最为重要的生产关系，也搭建起区域生活之网。透过妈祖庙的建立，可以看出东平与大澳两港或此消彼长或并行繁荣的历史，港口兴衰背后的自然地理变迁和人群、物资流动所承载的地方开发相互交织的区域结构过程亦浮现而出。

第十一章
渔村海话：海洋移民与阳西文化

阳西因地处漠阳江以西而得名，东连江城、阳东二区，西邻茂名市电白区，北与阳春市接壤，南临南海。阳西县的地形呈从西北向东南倾斜，大体可分为山区地带和沿海冲积平原两大部分。县境内有海岸线126.6千米，其中沙滩岸段占海岸线总长度的40%，较长的有溪头镇的蓝袍湾海滩、上洋镇的河北海滩、沙扒镇的月亮湾海滩和海滨浴场海滩。阳西海洋资源丰富，有著名的深水港丰头港，还有历史悠久的沙扒渔港、溪头渔港和河北渔港。

阳西县于1988年4月设县，下辖8个镇，有17个居委会、138个行政村，县政府驻织篢镇，全县行政区域面积1435平方千米，2020年年末总人口为55.54万人。尽管设县仅30余年，但阳西的历史悠久，尤其是沿海地区是颇为开放的海洋文化区，不仅渔业文化古老而富有特色，还保留着诸多古代"海上丝绸之路"区域商贸往来、文化交流的印记。

一、阳西"海话"与福建移民

方言是一个地方区别于其他地方的显著特征之一。有学者认为，划分方言区可以显示不同区域之间的相互关系和历史背景，而语言之所以会分化成各种方言，多是人口迁徙移动的结果，加上经年久远的地理环境、外来因素等影响，方言之间差异越大、关系越疏，就说明了分隔的时间越久。① 阳江西部居民的日常语言——"海话"颇具特色，其与闽南话相近，属于闽方言，而儒洞的海话和电白、上洋、湛江等地又有所不同。海话的使用在阳江地区有较长的历史，（民国）《阳江志》记载："（阳江）土音略与会垣相近，又似香山。惟西境儒垌（洞）等处接近电白，与电白、雷、琼音通，与土音迥异，谓之海话，亦非能操土音者。"②

阳江闽方言主要集中于阳西，阳东、阳春仅有少量分布③；阳西海话主要分布于儒洞镇、沙扒镇、上洋镇和新墟镇的部分地区，是阳西县仅次于阳江话的第二语言。④ 虽然阳西儒洞一带的海话方言区形成时间较早，但是早期一些关于广东闽方言分布的研究鲜少涉及该区域。⑤ 学界一般认为，广东区域内操闽方言的人口多是来自福建的流民、谪官以及福建沿海的商人，他们的迁入时间大约在唐代以后，以宋代最为集中。唐代以后，一些因经商失败而"亡命为黎"的闽商进入海南，成了海南当地所谓的"熟黎"；有的则停留在前往海南的半途上，即雷州半岛等地。⑥ 阳江地处沿海，因此，他们很可能散入到阳江一带。《广东通志》载《旧闻拾遗》一书中曾记："（宋时）化州

---

① 参见余霭芹《粤语方言分区问题初探》，载《方言》1991 年第 3 期，第 164－165 页。
② 〔民国〕张以诚等：《阳江志》卷七《风俗》，见广东省地方史志办公室辑《广东历代方志集成·肇庆府部（二十八）》，岭南美术出版社 2009 年版，第 438 页。
③ 参见阳江市地方志编纂委员会《阳江市志》（1988—2000 年）（下册），广东人民出版社 2010 年版，第 1193 页。
④ 参见阳西年鉴编纂委员会《阳西年鉴》（2020 年），天津古籍出版社 2020 年版，第 5 页。
⑤ 如李新魁的广东闽方言研究仅提及潮州话、海南话和雷州话，林伦伦则认为，粤西闽语主要分布在雷州半岛及湛江市、茂名市部分县镇，二者皆未提及阳西儒洞等镇的海话。详见李新魁《广东闽方言形成的历史过程》，载《广东社会科学》1987 年第 3 期，第 119－124 页；李新魁《广东闽方言形成的历史过程（续）》，载《广东社会科学》1987 年第 4 期，第 142－150 页；林伦伦《广东闽方言的分布及语音特征》，载《汕头大学学报》（人文科学版）1992 年第 2 期，第 55 页。
⑥ 参见李新魁《广东闽方言形成的历史过程》，载《广东社会科学》1987 年第 3 期，第 124 页；李新魁《广东闽方言形成的历史过程（续）》，载《广东社会科学》1987 年第 4 期，第 150 页。

第十一章 渔村海话：海洋移民与阳西文化

以典质为业者，十户而九。闽人奋空拳过岭者往往致富。"① 说明古代一直有福建人在这一些地区从事商业活动。此外，阳江还有"〔明〕侨寓多惠、潮之人，朋比为奸，铤而走险，枕近场灶私贩充斥"②。潮州地区有大量来自福建的历史移民后裔，属于闽方言区，这些操闽语的潮州人活动于粤西一带，很可能有部分人逐渐在当地立足，影响了当地的语言格局。

除了经商之人，地方志书中还能够见到不少在阳江为官的福建人，他们中即有留在阳江并入阳江户籍者：

> 刘芳，字永锡，其先福建侯宫人。父聚任太平驿丞，以才能委视阳江县事，多善政。时芳年十九，善属文，乡贤达徐季以女孙妻之，遂入江籍，寻举成化丁酉乡试，次年成进士。③

唐代时期人口重心逐渐南移，南方丘陵、山地及沿海地带得到更广泛地开发。中唐至宋初，福建境内之福、建、泉、剑、汀等州人口剧增。④ 为缓解生活压力，人们开始对外移民，其中有大批移民迁入广东等地广人稀的地区。⑤ 据考证，宋代的雷、化、高、南恩、琼等州都有了相当数量的福建移民，当地"平日相与言"均是闽语，当时"广东郡邑人稀，邻接江西、福建、湖南，其汀、赣之人每岁春时动，是三二百人为群，以商贩为名，纵横于广东循、梅、惠、新、

---

① 〔清〕阮元：(道光)《广东通志》卷九十三《舆地略》，见广东省地方史志办公室辑《广东历代方志集成·省部（十七）》，岭南美术出版社2009年版，第11页。
② 〔清〕阮元：(道光)《广东通志》卷九十三《舆地略》，见广东省地方史志办公室辑《广东历代方志集成·省部（十七）》，岭南美术出版社2009年版，第11页。
③ 〔清〕李澐：(道光)《阳江县志》卷六《人物志》，见广东省地方史志办公室辑《广东历代方志集成·肇庆府部（二十八）》，岭南美术出版社2009年版，第638页。
④ 参见葛剑雄主编、冻国栋《中国人口史》（隋唐五代时期），复旦大学出版社2002年版，第284－285页。
⑤ 葛剑雄主编、吴松弟著：《中国人口史》（辽宋金元时期），复旦大学出版社2000年版，第504页。

南恩州及广州外邑之境"①，恩平"民庶侨居杂处，多瓯闽之人"②，这说明宋时南恩州一带已有大量福建人活动。到了清代前期，粤东依然有移民迁入广州、肇庆、惠州等府的沿海平原。③ 明清时期，阳江有较长的一段时间隶属于肇庆府管辖，迁入肇庆府的福建人很可能包含迁入阳江者。

此外，值得注意的是，包括漠阳江流域在内的广大粤西地区都属于俚僚文化范围，虽然阳江早已没有俚族踪迹，但在当地汉人文化中仍保留有与俚人融合的成分，例如，俚人把水田称为"那"，所以农耕的村往往被称为"那某"④。今天阳江仍有很多带"那"字的地名，如"那龙河""那洛""那关""那红""那怀""那八""那苏"等。因此，早期来到阳江的操闽方言的群体，在语言上大概也受到当地俚僚文化的影响，形成类似于雷州和海南岛"黎话"的闽方言。

阳江地区的福建移民在地方口述记忆和族谱中留下诸多印记，除上文提及的儒洞镇陈姓外，《阳西陈氏溯源》中这样写道：

> 唐镇守泉州，衣冠族籍，官员极品，郡称显姓。及季，避乱金陵，顶章门勋秩不着宗，入蒲（莆）田，一门八宗师，二状元，两宰相，十四世赞婴不仕，仇元，忠存名流表史，明入粤，肇潮子姓显达若高凉……⑤

该族谱明确其祖上曾住福建，明时迁入广东，但入粤路线并非我们所推断的从海上而来，而是广东移民祖源记忆中常见的"偕族迁广

---

① 〔宋〕蔡戡：《定斋集》卷一《割属宜章临武两县奏状》，收入〔清〕盛宣怀、缪荃孙《常州先哲遗书本》，南京大学出版社2010年版，第25－26页。
② 〔宋〕王象之：《舆地纪胜》卷第九十八《南恩州》，中华书局1992年版，第3620页。
③ 参见葛剑雄主编、曹树基《中国人口史》（清时期），复旦大学出版社2001年版，第721页。
④ 参见曾传荣著，阳江市高凉文化研究会、阳江市曾氏宗亲会编《阳江史事探究》，中国科学文化音像出版社2014年版，第71页。
⑤ 《阳西陈氏溯源》（1997年），第1页。

第十一章　渔村海话：海洋移民与阳西文化

东南雄府保昌县九眼井珠玑巷沙水村"①，之后"幸存者飘（漂）到广州、五华、阳江等各地方，陈祖议定陈定属金，逢水必冲，安居择近水地方，走村名用三点水为傍。或近河海处居住"②。其中第九十九世陈恺迁阳江海陵，③ 第一零零世迁"阳江有水处居"④。此外，阳江江城区岗列街道那洛洛东村陈氏族谱记述其祖上原居福建莆田，系兴化府知府陈瓒公之子一支⑤，并称为阳江开基始祖的陈若水公生于南宋，是宋代兵部承事郎、兴化府知府陈瓒公之子，乃抗元英雄，1279年随张世杰一道抗击元军，后兵败隐居海陵。⑥

作为一种移民记忆的印记，阳西儒洞在信仰方面也保持着对莆田的强烈认同，行宫内供奉着 2005 年从福建莆田请回的妈祖神像。每年农历三月二十三举行盛大的娘妈出游活动，众人用轿子抬着关帝及其侍从塑像、妈祖行宫雕像出游，队伍中还有手持掌扇、浪伞、锣鼓、六国旗、八宝、八大仙、苏锣、轮旗、龙凤旗的信众及醒狮队等，队伍长达 300 多米，参加人数达三四百人，浩浩荡荡，虔诚欢畅。群众夹道欢迎，燃放鞭炮，上香祭拜。

二、渔村与渔业文化

（一）儒洞

儒洞镇位于阳西县最西端，为广东省中心镇，人口总数 56000 人，全镇划分为 12 个村委会、1 个居委会。边海村⑦在阳西县儒洞镇西南角，因村庄处于靠海的滩涂上，故名"边海村"。村落主体部分

---

① 《阳西陈氏溯源》（1997 年），第 2 页。
② 《阳西陈氏溯源》（1997 年），第 4 页。
③ 《阳西陈氏溯源》（1997 年），第 18 页。
④ 《阳西陈氏溯源》（1997 年），第 19 页。
⑤ 《阳江市那洛洛东村陈氏族谱》，阳江市图书馆地方文献部藏，2012 年，第 4 页。
⑥ 《阳江市那洛洛东村陈氏族谱》，阳江市图书馆地方文献部藏，2012 年，第 6 页。
⑦ 海边村相关资料来源于 2021 年 1 月 19 日课题组在儒洞镇政府会议室对镇长卢关，及在边海村对村委成员和村民的访谈。

状若菱形,四面环水,其西北、西南面以河沟为界,与茂名市电白区岭门镇相邻;东北面隔儒洞河与本镇中心遥相对望;东南面经儒洞河水路可直通沙扒港。边海村共有5个自然村,分别是上屯、田心、下屯、手网,还有一块飞地——白坭,人口共计3600余人,其中白坭160余人。图11-1为边海村红色文化旅游景观。

图11-1 边海村红色文化旅游景观(周开媛摄)

第十一章 渔村海话：海洋移民与阳西文化

据边海村村支书陈广介绍：元代初年，入粤始祖陶公为躲避战乱，经海路由福建莆田迁移至阳江海陵岛，随后落脚溪头石港居住，其后代锦炎兄弟继续西迁至儒洞车田河附近，开辟陈村。随着人丁越来越兴旺，约1300年前后，多数族人迁出陈村，散居在大村、门口海、石庙仔、山尾园、寨仔、蓝田、马山、西屯、菠萝树等地。又过了大约300年，锦公十三世裔孙岸英公之儿孙由石庙仔移居边海，故边海立村距今已有400多年历史。如今村内除人口占八成的大姓——陈姓外，还有易、许、杨诸姓，村民日常使用海话进行交流。

边海村传统经营半农半渔业，其中手网村是目前边海村内仅有的尚有村民从事渔业生产的村落，因其浅海捕捞工具为手网而得名。该村临近儒洞河，全村40户皆为陈姓，共拥有27艘小型渔船（见图11-2）。由于村里没有成立渔业管理委员会，这些渔船现由村委会管理，船只则归个人所有，每一艘渔船都享有政府提供的柴油补贴。村里的渔民不出远海，而是因地制宜发展出渔农结合的生计模式：每天凌晨三四点钟出门赶小海，到上午九十点便返航归来，白天余下的时间兼种田地。

据渔民介绍，如今赶海最赚钱的是抓鱼苗，大概30年前有村民发明了一种形似帐篷的抓鱼苗工具，叫作"鱼展"（见图11-3）。鱼展的制作方法为：首先将两段弯曲的PU塑料管交叉成制成骨架，在下面绷上一张网眼密集的小网，再在一端系上一条用海草和贝壳编成的绳子，可摇动发出声响，用来吸引鱼苗。有经验的村民每天早上只需在河边捕捞两三个小时就能收获颇丰。我们在现场看到一种俗名为为"黄脚立"[①]的鱼，一箱能卖500元左右（见图11-4）。当然，不同季节可捕捞的鱼苗也不相同，价钱高低不等。比如10—12月份是捕捉"黄脚立"的季节，这种鱼苗一条只能卖几分钱；6—8月份捕捉的沙克头[②]可卖到一毛多一条；5—9月份的金鼓苗大概能卖到六七

[①] 黄脚立，学名"黄鳍棘鲷"（Acanthopagrus latus），是鲷科，刺鲷属的一种海鱼。生活在近岸海域及河口湾，为浅海暖水性底层鱼类。

[②] "沙克头"，为地方俗称，调查中渔民写下的名字。

毛一条；12月份到次年1月份有另一种特别的鱼苗大约三四毛一条；3—11月份还可以捕捞大概几毛钱一只的螃蟹苗。许多买主特意从珠海、番禺等地来购买鱼苗，拿回去养半年左右就可以卖了。

图11-2　边海村渔民的小型渔船（周开媛摄）

第十一章 渔村海话：海洋移民与阳西文化

图11-3 边海村渔民用自制的"鱼展"捕捞鱼苗（周开媛摄）

图11-4 边海村渔民捕获的鱼苗（周开媛摄）

边海村民的信仰习俗与周边近似,当地的信仰中心是两座庙宇。其一为村内的福德土地庙,据说20世纪40年代时有人梦到此地有神迹,故集资建成小庙,2000年前后庙宇翻新重建,现由村内老人会负责管理。另一座村民常拜的是儒洞镇政府附近大村的大庙。年节时流行赶庙会,信众习惯在庙会时请一张天后圣母或关圣帝君的神符贴在家宅门口,祈求保佑风调雨顺、家人平安。当地人在建屋动土时一般会从外面的大庙请神过来,在门口设一临时小龛供奉,待屋子建好后再送神回去。此外,村内陈姓族人每年还会前往溪头镇祭祖扫墓。

(二)沙扒①

沙扒最早叫沙坪,后来慢慢被叫成沙扒,它原先是一个小岛,后来慢慢与陆地相连,形成半岛。清末,一些顺德、南海、番禺的疍家人顺着水路来到沙扒卖鱼,逐渐形成了一个水产买卖的圩场。渔业市场的繁荣吸引了更多疍民和附近说海话的福佬人(即福建人)后裔前来定居,其中来自书村的福佬人主要集中在碗岗村和五加头(音)。民国时期,沙扒不仅渔业繁荣,还有资本家在渡头一带开辟盐场。

目前,沙扒大约60%的人口为疍家人,40%的人口是附近的村民。镇上共有三个渔业管理委员会,分别是新光(图11-5)、红光和海燕,渔业管理委员会主要由疍家人组成,加起来共5000~6000人。其中,截至2019年,红光渔业管理委员会共有533户2501人,人均年收入7500元,渔业管理委员会管理渔船17艘,主机总功率共约2.1马力。

在宗教信仰方面,由于出海捕鱼风险高,疍家人很注重拜神,俗话说"行船跑马三分命,生仔夫娘无一成"。现在的沙扒幼儿园以前是四大天王庙(已毁),附近还有一座供奉天后的沙扒天后宫(见图11-6),雕梁画栋,很是宏伟壮观。

沙扒疍家人的祖先以浅海作业为生,祖祖辈辈在广东沿海流动迁

---

① 沙扒相关资料源于2021年1月20日,沙扒镇文化站提供的资料,以及课题组在新光、红光村委会对渔委会主任及村民进行的访谈。

徒，居无定所。新中国成立后，有的沙扒疍家渔民开船到福建、广西做海。1998年，渔业开始衰退，柴油价格又高达7000元一吨，导致大量渔船停业。近年来，随着沙扒海滨、月亮湾等景区的开发，大批渔民转投旅游相关产业。比起旅游业，现在当地的年轻人认为打渔既危险，收入又低，是没有前途的工作，所以仅有部分五六十岁的中老年渔民还坚持出海，一些拥有渔船的家庭也开始雇佣外省人（类似代耕农）来捕鱼。

图11-5 与新光渔业管理委员会的工作人员座谈（周开媛摄）

图 11-6 沙扒天后宫（周开媛摄）

书村位于沙扒镇东北面的南海之滨，距离镇政府约 5 千米，距离阳西县城 35 千米，村域总面积约 14.3 平方千米。该村坐落于墨秀岭山脚南部，东南有福湖岭为障，南临南海，东西绵延 7 千米长的月亮湾沙滩横亘于村南面为岸，西南有北额岭拱卫，潭仔河环绕村西边流向沙扒港出海口。省道 282 线从村西边穿过，县道 747 线绕经村北，交通便利。

清朝中期，始祖由福建迁居书村的陈氏族姓已繁衍至十几世代，族姓人口快速增长，加上其他姓氏迁入，居住地域不断扩大，部分陈姓族人分支到邻近多个村落居住。早在清代，书村人便大多过着既耕田种果又耕海养殖的半渔农生活，半夜作罾（一种渔作方式）或早上出海捕鱼，船回港便马不停蹄赶回村干农活。特别是到了农忙季节，从港口回村的路上更是你追我赶，自然而然地形成了赶路竞跑的习惯。

村内祖庙为三官堂（见图 11-7），年节庆典和其他的祭祀活动都在这里举行。清朝中后期又分别在村中西、西南、南、东北面建造了西社宫、旧社宫（海仔宫）、新社宫、南社宫四座境主大王庙①。每年农历五月初五，由祖庙三官堂牵头，西社宫、旧社宫、新社宫、南社宫四庙各属村民自组队伍，举办"走公"活动。

书村"走公"（"公"是闽南方言海话，与"共"同音）是指村民持举着神像接力赛跑，是当地最具特色的传统庙会活动。风俗传统形成于清朝中期，活动内容主要有"四大王巡游""飘色"游行、男子队"走公"、女子队"走公"、舞龙醒狮表演、做社戏等。

（1）"四大王巡游"（见图11-8）。巡游队列依顺序游行，走在前面的是施炮手，旗手鸣锣开道，举牌手、端香炉者继之，大王座驾在中间，绫罗伞、鼓乐手紧随，其后是仪仗、飘色（见图11-9）、舞龙醒狮队列。

（2）"观水大"。"四大王巡游"完毕，各社庙主事人要恭请四位"大王"一起到潭仔村土地庙前的"四社神坛""观水大"（观察海情），举行祭祀仪式，祈祷风调雨顺、国泰民安。

（3）"走公"（见图11-10）："观水大"仪式结束后，四位"大王"座驾恭迎到"走公"起跑点，确认各队选手到达指定接力地点（俗称"排替"）后，主事人宣布"走公"正式开始。"走公"以各社的"大王"座驾（重3～4公斤）传递接力，从而增加了赛跑难度，充分体现了选手的接力技巧，同时也增加了"走公"的热烈气氛。

---

① 境主大王，又称境主公，系某片土地的守护神，人们认为其拥有地方行政职能，有资格管辖庙宇辖境内的超自然存在。

图 11-7　书村祖庙三官堂（沙扒镇文化站供图）

图 11-8　"四大王巡游"（沙扒镇文化站供图）

第十一章　渔村海话：海洋移民与阳西文化

图 11-9　"飘色"队伍（沙扒镇文化站供图）

图 11-10　男子"走公"（沙扒镇文化站供图）

(三) 上洋[①]

上洋镇是半农渔镇，区域面积171.6平方千米，耕地面积约9万亩，海岸线长32千米，管辖18个村委会和1个居民委员会，其中，纯渔业村委会3个（河北、南山海、南山岭），半渔农村委会3个（沙湖、福湖、石门），全镇共140个自然村。镇内有著名的双鱼古港和白石古港（即今河北港），河北港在上文已有专章详述，故此处主要讲述双鱼港及双鱼城村的渔业文化。随着地理变迁，双鱼古港已不复存在，附近的双鱼城村也不再是滨海渔村，当地的渔业文化被淹没在历史的洪流之中，但诸多古迹依然彰显着这里曾经辉煌的海洋文化。

双鱼古港为海防要塞，明洪武年间，倭寇常在沿海作乱，朱元璋为巩固国防，下令在东南沿海一带筑城。洪武二十七年（1394），安陆侯吴杰、永定侯张金来到广东训练水师。是年，都指挥花茂奏请设立双鱼守御千户所（属神电卫），派千总马如龙率兵守卫，并建双鱼城。双鱼古城坐落在郎官山（龙高山）西麓，背山面海，东有东门诸岭为天然屏障，四周有护城河环卫，西南为白石海，过去飞舟可抵双鱼城下。古城占地面积7500平方米，城墙环抱其中，全城有东、西、南、北四个城门楼，每个城楼设大炮一门、吊桥一座。千户所官署设在城中枢线东北侧，为全城地势最高处。城内庙宇众多，城东有关帝庙、文昌庙、真宇庙，南有城隍庙，北有北帝庙，西有华光庙、五显庙，城中还有一座建于雍正八年（1730）、高达20米的八角柱形塔——文昌阁（见图11-11）。

历史上，双鱼城最兴盛时曾有两万余人居住，后遭兵灾贼劫，人口锐减。明万历二年（1574），倭寇进犯，是时城内兵寡援绝，守城者弃城出逃，民众惨遭倭害。清代李积凤引兵据双鱼城，后兵败，双鱼城逐渐没落。如今，双鱼城已从城演变为村，很难从当下的村民们中找到其与驻守明清古城的兵勇之间的直接关联。直到近年，在旅游

[①] 上洋相关资料来源于课题组2021年1月21日在河北村和双鱼城村对村主任和当地村民的访谈。

第十一章 渔村海话：海洋移民与阳西文化

业开发的驱动之下，古双鱼城的历史才受到重视（见图11-12双鱼城村旅游导览图），原籍本村的企业家捐资在村中心修建了日塘和月塘以纪念明代辉煌的建城史。

今天的双鱼城村居民以张姓为主，亦有关、江、许、冯等姓氏。目前，村内无渔业及其相关产业，主要以特色水果种植为主，如西瓜、荔枝、圣女果等。还有许多村民早年前往珠江三角洲地区或海外做生意（以房地产生意为主），发迹后带领亲戚、族人共同致富。因此，今天的双鱼城村内，许多村民家都建有高大华丽的别墅洋房。

村内庙宇是在"文化大革命"后集资重建的，从芳名录和酬神锦旗来看，信众除本村人士外，还来自阳西县、阳江市甚至东莞、江门等地。宗祠则主要有张氏宗祠和冯氏宗祠，一般逢年过节及婚嫁时，族人都会在其中一同拜祭、宴饮。

图1-11 双鱼城村村内重建的文昌阁（周开媛摄）

图 11 - 12　双鱼城村旅游导览图（周开媛摄）

（四）溪头①

溪头镇位于阳西县城东南的南海之滨，距县城 17.5 千米，东面与闸坡镇隔海相望。全镇辖 25 个村委会（其中，1 个居委会、3 个渔业管理委员会、11 个半渔农村委会、10 个纯农业村委会），有 183 个自然村，总人口 7 万多人，是一个半渔农大镇，镇内建有省一级渔港——溪头港（见图 11 - 13）。

图 11 - 13　溪头港口（马显冰摄）

---

① 溪头镇及其所属行政村新兴村、蓝袍村相关资料来源于课题组 2021 年 1 月 21 日在当地渔委办公室对村领导、村内老渔民进行的访谈。

1. 新兴村①

本书第六章曾较为详细地介绍了溪头镇新兴村，提到其为新中国成立后规划建设的纯渔业村，目前是溪头镇下辖的一个渔业管理委员会。由于该村居民全部为浅海连家船渔民，尽管已经上岸定居，但依然保留有水上渔民的文化和习俗。该村村主任介绍说，目前所有家庭几乎都以开船为生，全村共拥有渔船160余艘。从前渔民使用桨摇的小船，只能在内河和近海捕捞，后来有了小马达，再以后是配备了20匹马力的船。现在村里的渔船可以去到海南、汕头和珠海等地的海域捕鱼。据一位80多岁的老人家回忆，从前的日子过得很苦，年轻时为了养家，没有机会上学，曾一度住在瓦窑里，靠替人种田为生。国民党抓壮丁的时候，如果被抓的农民的儿子不愿意去，该农户就会出一笔钱让渔民的儿子顶替。

颇有意思的是，新兴渔民对"纯渔民"有自己独特的定义和区分。他们认为以前的疍民分两种，一种是在像闸坡那边去深海作业的，还有一种是在内河、浅海作业的。前者是"纯渔民"，后者则不是纯渔民，只不过新中国成立以后，政府统称他们为渔民而已。新兴渔民的这种以捕鱼作业区域和方式来区分身份的心理，表现出一种强烈的自我认同，似乎蕴含着某种"海洋中心主义"的认知结构：深海的海洋性较高，因而以深海捕捞为生的疍民才是"纯渔民"，而在以海洋性较弱的浅海和内河捕捞作业的疍民则"不是渔民"，尽管政府将二者都定义为"渔民"。

虽然搬到溪头已经接近40年，但新兴渔民和附近的农民之间的交往依然很少。他们在为子女择偶婚配时，一般还是倾向选择与渔民通婚。他们认为，即使不同村的渔民，也会因为常年在海上打渔而彼此熟识，同时，生活习俗彼此相近，所以，当地人在娶嫁时不讲究距离远近，更看重相似的生活背景。在信仰方面，现在的新兴村已不见一座公庙。据村里人介绍，该村村民一般自己在家里拜祖先，平时出

---

① 新兴村相关资料来源于课题组2021年1月21日在新兴渔委办公室对村领导及在村内走访中对老渔民进行的访谈。

海时想去哪里拜就去哪里拜,村内并无集体祭祀活动。

2. 蓝袍村①

蓝袍村位于溪头镇政府以南约 4 千米处,包含 7 个自然村,人口 3800 余人,村内自有海岸线 3 千米,属于以渔业为主、农业为辅的半渔农经济结构,农业生产的粮食主要供自家食用,仅有三四个种植大户以农为生。村民大多数姓冯,传说祖上来自中原,村里有冯氏大宗祠,各房族有自己的小庙,春节有舞龙舞狮活动。

蓝袍村是上洋镇许多渔村通行的"地拉网"捕捞作业之鼻祖。据该村村主任介绍,原本村内 60% 的人以这种捕捞作业为生,村里有几十艘船,都安装有轮子,平时放在沙滩上(见图 11-14)。附近渔村还出钱请本村有经验的村民去帮忙传授"地拉网"捕捞技术,除本村外,周围的土朗下、北寮、白水等村都有"地拉网"。2019 年,"地拉网"因捕捞业产业结构调整与升级,以及海洋可持续发展战略落地实施而被取缔,沙滩上的渔船都被卖掉,村民也面临着渔民转产转业的挑战和发展危机。

"地拉网"(见图 11-15、图 11-16、图 11-17)是一种用渔船协助、以网眼小且密的拖地网为工具的大型近岸捕捞方法,通常要 20 人左右配合作业。先是两艘船驶出离海岸线三四千米远,

图 11-14 蓝袍村渔民自制的挖螺工具车(何绪军摄)

---

① 蓝袍村相关资料来源于课题组 2021 年 1 月 21 日在蓝袍村村委会对村委会主任和村民的访谈。

第十一章　渔村海话：海洋移民与阳西文化

再碰头、连网，然后向相反方向把网张开布入海中，再掉头开回去。到岸后，两边的人开始拖网，一次大概需要4小时左右，一般一天可拉两次，一次从早上6—10点拖到1.5千米处，然后再到3千米处，第一网拉远之后便可下第二网。最早的时候"地拉网"使用的是麻网，后来改为人工网，拉网最初以人力拉拽为动力，20世纪80年代，有村民用推土机改装的机器拉网，效率大大提高。鼎盛时期，村里改装的推土机多达20来台，平均每网收益可达几千元。

前些年，"地拉网"捕捞与旅游观光结合，已经演变成一个产业链。拉网当天，游客可前来观看捕鱼过程，并在岸上购买新鲜上岸的各类水产，然后直接交给村里的饭店现场烹饪。由于游客多、人气旺，村里人种的番薯、家里的鸡蛋都不愁销路。甚至村里的"五保户"都过得比别村的好，因为村民看到他们会送一些鱼给他们。

"地拉网"作业已有上百年历史，由于捕捞深度深，与"绝户网"一样，对海洋生态破坏极大。2019年6月21日，政府对这种生产方式进行了综合整治、禁止和取缔。当地一些五六十岁的村民从十几岁开始一直以"地拉网"为生，其他的活都不会干，转产较为困难；而且出深海成本比较高，村里现有的渔民技术和经济实力也无法负担。转产给村民带来的"阵痛"一时难以解决，该村面临着发展转型的挑战与新的机遇。

图11-15　蓝袍村渔民"地拉网"捕鱼之一（马显冰摄）

图 11-16　蓝袍村渔民"地拉网"捕鱼之二（马显冰摄）

图 11-17　蓝袍村渔民在沙滩织"拖地网"（马显冰摄）

作为一个由山地和海洋共同构成的县份，海洋文化是阳西县极为重要的组成部分。绵长曲折的海岸线塑造出诸多良港，也使其成为跨区域甚至是跨国界的海上商贸路线上的重要节点。外来移民不仅给这里带来富有特色的"海话"，也留下了国家开发和治理地方的种种历史印记。随着政府对海洋人群的管理方针政策的施行，阳西沿海渔村走上了不同的渔业文化变迁之路。随着传统渔业生计的式微，这些渔村尽管出现不同程度的转型困境，但是一些新的生产方式被开发了出来，与之相适应的新型渔业文化也得以在传统的土壤中逐渐生成，而渔业和地方的历史也成为一种文化资源，继续参与地方的建设。

参 考 文 献

一、历史文献

[1] 李心传. 建炎以来系年要录［M］. 上海古籍出版社，1992.

[2] 王象之. 舆地纪胜［M］. 北京：中华书局，1992.

[3] 李心传. 建炎以来朝野杂记［M］. 徐规，点校. 北京：中华书局，2000.

[4] 李昉. 太平御览［M］. 北京：中华书局，1960.

[5] 脱脱. 宋史［M］. 北京：中华书局，1977.

[6] 李贤，等. 大明一统志［M］. 西安：三秦出版社，1990.

[7] 海瑞，叶春及. 备忘集 石洞集［M］. 上海：上海古籍出版社，1993.

[8] 戴璟. 广东通志初稿［M］//广东省地方史志办公室. 广东历代方志集成·省部（一）. 广州：岭南美术出版社，2006.

[9] 盛宣怀，缪荃孙. 常州先哲遗书本［M］. 南京：南京大学出版社，2010.

[10] 周玉衡.（康熙二十年）阳江县志［M］//广东省地方史志办公室. 广东历代方志集成·肇庆府部（二十七）. 广州：岭南美术出版社，2009.

[11] 范士瑾.（康熙）阳江县志［M］//中国地方志集成·广东府县志辑 40（影印本）. 上海：上海书店出版社，2013.

[12] 康善述.（康熙）阳春县志［M］//广东省地方史志办公室. 广东历代地方志集成·肇庆府部（二十三）. 广州：岭南美术出

版社,2009.

[13] 姜山.(乾隆)阳春县志[M]//广东省地方史志办公室.广东历代地方志集成·肇庆府部(二十四).广州:岭南美术出版社,2009.

[14] 李澐.(道光)阳江县志[M]//广东省地方史志办公室.广东历代地方志集成·肇庆府部(二十八).广州:岭南美术出版社,2009.

[15] 石台.(道光)恩平县志[M]//广东历代地方志集成·肇庆府部(三十二).广州:岭南美术出版社,2009.

[16] 阮元等.(道光)广东通志[M].//广东省地方史志办公室.广东历代方志集成·省部(十七).岭南美术出版社,2006.

[17] 顾炎武.天下郡国利病书[M].黄珅,顾宏义,校点.上海:上海古籍出版社,2011.

[18] 顾炎武.肇域志[M].上海:上海古籍出版社,2004.

[19] 顾祖禹.读史方舆纪要[M].北京:中华书局,2005.

[20] 屠英.(道光)肇庆府志[M]//中国地方志集成·广东府县志辑46(影印本).上海:上海书店出版社,2013.

[21] 徐松.宋会要辑稿[M].北京:中华书局出版社,1957年.

[22] 昆冈,刘启端.钦定大清会典事例[M]//《续修四库全书》编纂委员会.续修四库全书·史部(第800册).上海:上海古籍出版社,2002.

[23] 和珅.钦定大清一统志[M]//胡坤,点校.文澜阁·钦定四库全书·史部(476-485).杭州:杭州出版社,2015.

[24] 蓝荣熙.阳春县志[M]//广东省地方志办公室.广东历代地方志集成·肇庆府部(二十五).广州:岭南美术出版社,2009.

[25] 张以诚.阳江志[M]//广东省地方志办公室.广东历代方志集成·肇庆府部(二十八).广州:岭南美术出版社,2009.

二、族谱

[1] 梁鸢翔. 罨城梁氏家谱. 1987. 广州留香斋铅印本油印. 阳江市图书馆地方文献部藏.

[2] 阳江市那洛洛东村陈氏族谱. 2012. 阳江市图书馆地方文献部藏.

[3] 阳江大荫陈氏族谱. 光绪九年. 阳江市图书馆地方文献部藏.

[4]《阳江儒洞陈氏族谱》编委会. 儒洞陈氏族谱. 2004. 阳江图书馆藏.

[5] 洪积祥. 洪氏族谱. 2013.

[6] 阳西陈氏溯源. 1997.

三、文史资料、年鉴、报刊及其他资料

[1] 恩平县政协文史组. 恩平文史·创刊号（内部资料），1983.

[2] 阳江市委员会文史资料委员会. 阳江文史（内部资料），1992（7）.

[3] 阳江市委员会文史资料委员会. 阳江文史（内部资料），1993（9）.

[4] 阳江市委员会学习文史委员会. 阳江文史（内部资料），2002（19）.

[5] 阳东县委员会文史资料委员会. 阳东文史（内部资料），1994（1）.

[6] 阳东县委员会文史资料委员会. 阳东文史（内部资料），2003（22）.

[7] 阳西县政协学习文史委员会. 阳西文史：第一辑（内部资料），2014.

[8] 广东省阳春市政协《阳春文史》编辑委员会. 阳春文史：合订本（第13-15辑）（内部资料），2016.

［9］漠江诗社．阳江市历代诗词选（内部资料），2003.

［10］钟山，潘超，孙忠铨．广东竹枝词［M］．广州：广东教育出版社，2010.

［11］王若霞．若霞亭诗集（内部资料），阳西县文联，1993.

［12］阳江市文化馆．阳江疍家民俗［M］．北京：光明日报出版社，2015.

［13］吴邦忠，阳西县文化局，阳西县文联．阳西县民间故事选：第一辑（内部资料），1991.

［14］阳江市地方志编纂委员会．阳江县志（上下）［M］．广州：广东人民出版社，2000.

［15］阳江市地方志编纂委员会．阳江市志（1988—2000）（上下）［M］．广州：广东人民出版社，2010.

［16］阳江市江城区地方志编纂委员会．阳江市江城区志（1988—2000）（上下）［M］．广东经济出版社，2013.

［17］广东省人民政府地方志办公室．全粤村情·阳江市阳西县卷（一）［M］．北京：中华书局，2018.

［18］广东省人民政府地方志办公室．全粤村情·阳江市阳东区卷（三）［M］．北京：方志出版社，2019.

［19］广东省地方史志编委会办公室，广州市地方志编委会办公室．清实录广东史料（一）［M］．广州：广东省地图出版社，1995.

［20］农业农村部渔业渔政管理局．2017中国渔业统计年鉴［M］．北京：中国农业出版社，2017.

［21］阳江年鉴编纂委员会．阳江年鉴（2018年）［M］．郑州：中州古籍出版社，2018.

［22］阳西年鉴编纂委员会．阳西年鉴（2020年）［M］．天津：天津古籍出版社，2020.

［23］广东省阳江市阳东县雅韶镇津浦简志编纂委员会．津浦简志（内部资料），2007.

［24］广东省民族研究所．广东疍民社会调查［M］．广州：中山大学出版社，2001.

［25］潘迎捷．水产辞典［M］．上海：上海辞书出版社，2007．

［26］产业·粤省渔业概况［J］．中行月刊，1934（6）．

［27］冯光培，广东省阳江市海洋与水产局．阳江县水产志（内部资料）．1997．

［28］广东省阳江市地名委员会．阳江市地名志［M］．广州：广东人民出版社，1992．

［29］曾传荣，阳江市高凉文化研究会，阳江市曾氏宗亲会．阳江史事探究［M］．北京：中国科学文化音像出版社，2014．

［30］福建省文化厅，福建省艺术馆，福建省非物质文化遗产保护中心．福建非物质文化遗产名录［M］．福州：海峡文艺出版社，2008．

［31］香港电［N］．申报，1926－10－2（5）．

［32］吴德．阳西县上洋镇河北渔港毛虾趁暖入市：日均上市可达7.5万公斤［N］．阳江日报，2017－2－23（A02）．

［33］王静，陈明杰．河北村：打造原生态特色渔村［N］．阳江日报，2018－9－25（A02）．

［34］盘聪颖，郑荣新．三条新龙船骏水海上展风采［N］．阳江日报，2021－2－7（A01）

四、专著及论文

［1］葛剑雄，曹树基．中国人口史·清时期（第五卷）［M］．上海：复旦大学出版社，2001．

［2］陈芳惠．村落地理学［M］．台北：五南图书出版公司，1984．

［3］陈浩天．从考古资料看历史上的阳江与海洋［J］．客家文博，2020（1）．

［4］陈晔．我国海洋渔村的历史演进及转型与发展［J］．浙江海洋学院学报（人文社会科学版），2016（2）．

［5］陈云龙．粤西闽语音变研究［D］．上海师范大学博士学位

论文，2012.

［6］陈贤波．重门之御：明代广东海防体制的转变［M］．上海：上海古籍出版社，2017．

［7］戴裔煊．宋代钞盐制度研究［M］．北京：中华书局，1981．

［8］葛剑雄，冻国栋．中国人口史·隋唐五代时期（第二卷）［M］．上海：复旦大学出版社，2002．

［9］胡彬彬，邓昶．中国村落的起源与早期发展［J］．求索，2019（1）．

［10］姜启军，刘杨．合作社视角下的渔民社会保障分析［J］．上海海洋大学学报，2018（6）．

［11］姜竹雨．乡村振兴战略背景下浙江渔村发展研究［D］．浙江海洋大学硕士学位论文，2019．

［12］李晓龙．宋以降盐场基层管理与地方社会：以珠江三角洲地区为中心［J］．盐业史研究，2010（4）．

［13］崔凤，葛学良．沿海渔村的陆化变迁：基于L村的调查［M］．中国海洋社会学研究，2016（1）．

［14］杜凯旋．阳江：圆了上岸梦的疍家人［J］．海洋与渔业，2017（3）．

［15］樊晶晶．崂山渔村的经济社会变迁：以青岛市王哥庄为例［M］．中国海洋社会学研究，2019（1）．

［16］甘于恩．广东两阳粤语语音特点概说［J］．桂林师范高等专科学校学报，2008（2）．

［17］广东海上丝绸之路博物馆．山海之聚：阳江海洋文化遗产［M］．广州：广东科技出版社，2019．

［18］郭声波．中国历史政区的圈层结构问题［J］．江汉论坛，2014（1）．

［19］韩立民，任广艳，秦宏．"三渔"问题的基本内涵及其特殊性［J］．农业经济问题，2007（6）．

［20］科大卫．皇帝和祖宗：华南的国家与宗族［M］．卜永坚，译．南京：江苏人民出版社，2009．

[21] 李竣,杨旭,陈洁.改革开放以来淡水渔村发展变迁研究[J].中国渔业经济,2021(4).

[22] 李新魁.广东闽方言形成的历史过程[J].广东社会科学,1987(3).

[23] 李新魁,广东闽方言形成的历史过程(续)[J].广东社会科学,1987(4).

[24] 林举飞.浅析阳江市江城区"端午逆水赛龙舟"[J].现代交际,2015(3).

[25] 林伦伦.广东闽方言的分布及语音特征[J].汕头大学学报(人文社会科学版),1992(2)

[26] 林伦伦.闽方言在广东的分布及其音韵特征的异同[J].中国语文,1994(2).

[27] 林伦伦,粤西闽语语音特点及内部差异[J].方言,1996(1).

[28] 林小嫒,高法成.公司化治理:渔民合作社发展路径的探析:以广东省阳江市东平镇渔民合作社为例[J].中国海洋社会学研究,2016(4).

[29] 刘龙腾,高宏泉.实施渔村振兴:意义、基础与问题[J].海洋开发与管理,2019(7).

[30] 刘志伟.在国家与社会之间:明清广东里甲赋役制度研究[M].广州:中山大学出版社,1997.

[31] 娄小波.日本渔村经济的困境与对策[C].2015年中国渔业经济专家研讨会:认识经济新常态 运筹渔业十三五论文集.

[32] 卢宪英.新中国70年村容村貌变迁与村庄规划[J].中国发展观察,2019(22).

[33] 弗里德曼.中国东南的宗族组织[M].刘晓春,译.上海:上海人民出版社,2000.

[34] 任净,李赖志.股份合作社是渔村集体经济的有效实现形式[J].大连民族学院学报,2010(6).

[35] 司徒尚纪.广东方言地理分布及其文化景观[J].东南文

化，1992（Z1）．

[36] 唐国建．海洋渔村的"终结"：海洋开发、资源再配置与渔村的变迁[M]．北京：海洋出版社，2012．

[37] 王启顺．海岛开发与渔村变迁：关于齐王岛的个案调查[D]．中国海洋大学硕士学位论文，2013．

[38] 王书明，兰晓婷．海洋人类学的前沿动态：评《沿海渔村的"终结"》[J]．社会学评论，2013（5）．

[39] 葛剑雄，吴松弟．中国移民史·辽宋金元时期（第4卷）[M]．福州：福建人民出版社，1997．

[40] 葛剑雄，吴松弟．中国人口史·辽宋金元时期（第3卷）[M]．上海：复旦大学出版社，2000．

[41] 许桂林，广东省人民政府参事室．广东省人民政府文史研究馆．阳江港与海上丝绸之路[M]．广州：广东经济出版社，2018．

[42] 徐东升．《元丰九域志》户口、铸钱监和盐产地年代考[J]．厦门大学学报（哲学社会科学版），2007（5）．

[43] 徐永桓．广东阳江县对岸村的渔民生活[J]．新中华，1934（15）．

[44] 闫富东．清初广东渔政述评[J]．中国农史，1998（1）．

[45] 余霭芹．粤语方言分区问题初探[J]．方言，1991（3）．

[46] 郑振满．明清福建家族组织与社会变迁[M]．长沙：湖南教育出版社，1992．

[47] Faure D. The Lineage as a Cultural Invention：The Case of the Pearl River Delta [J]．Modern China，1989（1）．

[48] Faure D. The Structure of Chinese Rural Society：Lineage and Village in the Eastern New Territories [M]．Hong Kong：Oxford University Press，1986．

[49] Schenk C R．China and Capitalism：A History of Business Enterprise in Modern China [J]．Economic History Review，2010（1）．